U0358489

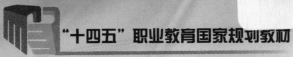

"十四五"职业教育国家规划教材

汽车底盘电控系统
构造原理与检修

第 2 版

谭小锋　主编

机械工业出版社

本书是"十三五""十四五"职业教育国家规划教材《汽车底盘电控系统构造原理与检修》的修订版。

本书介绍了最新的汽车底盘电控技术，包括液力自动变速器、双离合变速器、无级变速器、电控悬架系统、胎压监测系统、巡航控制系统、电控四驱系统、电动助力转向系统、四轮转向系统、线控转向系统、防抱死制动系统、电子稳定程序和自动泊车辅助系统、上坡下坡辅助制动控制系统、电动真空泵和电子驻车制动系统、线控制动系统的构造、原理与检修。每个工作任务都有相关的故障案例、小知识；学习工作页包括知识工作页和实训工作页。

本书可作为高等职业院校汽车类专业教材，也可作为汽车及相关专业从业人员的参考书。

本书配有电子课件，使用本书作为教材的授课教师可以登录机械工业出版社教育服务网（www.cmpedu.com），注册后免费下载。咨询电话010-88379375。

图书在版编目（CIP）数据

汽车底盘电控系统构造原理与检修 / 谭小锋主编.
2版. -- 北京：机械工业出版社，2025. 1. --（"十四五"职业教育国家规划教材). -- ISBN 978-7-111-77227-9

Ⅰ. U472.41

中国国家版本馆CIP数据核字第202593AV59号

机械工业出版社（北京市百万庄大街22号　邮政编码100037）
策划编辑：张双国　　　　　　责任编辑：张双国
责任校对：郑　雪　陈　越　　封面设计：王　旭
责任印制：李　昂
北京捷迅佳彩印刷有限公司印刷
2025年3月第2版第1次印刷
184mm×260mm・14印张・353千字
标准书号：ISBN 978-7-111-77227-9
定价：55.00元

电话服务　　　　　　　　　网络服务
客服电话：010-88361066　　机　工　官　网：www.cmpbook.com
　　　　　010-88379833　　机　工　官　博：weibo.com/cmp1952
　　　　　010-68326294　　金　书　网：www.golden-book.com
封底无防伪标均为盗版　　机工教育服务网：www.cmpedu.com

关于"十四五"职业教育
国家规划教材的出版说明

为贯彻落实《中共中央关于认真学习宣传贯彻党的二十大精神的决定》《习近平新时代中国特色社会主义思想进课程教材指南》《职业院校教材管理办法》等文件精神，机械工业出版社与教材编写团队一道，认真执行思政内容进教材、进课堂、进头脑要求，尊重教育规律，遵循学科特点，对教材内容进行了更新，着力落实以下要求：

1. 提升教材铸魂育人功能，培育和践行社会主义核心价值观，教育引导学生树立共产主义远大理想和中国特色社会主义共同理想，坚定"四个自信"，厚植爱国主义情怀，把爱国情、强国志、报国行自觉融入建设社会主义现代化强国、实现中华民族伟大复兴的奋斗之中。同时，弘扬中华优秀传统文化，深入开展宪法法治教育。

2. 注重科学思维方法训练和科学伦理教育，培养学生探索未知、追求真理、勇攀科学高峰的责任感和使命感；强化学生工程伦理教育，培养学生精益求精的大国工匠精神，激发学生科技报国的家国情怀和使命担当。加快构建中国特色哲学社会科学学科体系、学术体系、话语体系。帮助学生了解相关专业和行业领域的国家战略、法律法规和相关政策，引导学生深入社会实践、关注现实问题，培育学生经世济民、诚信服务、德法兼修的职业素养。

3. 教育引导学生深刻理解并自觉实践各行业的职业精神、职业规范，增强职业责任感，培养遵纪守法、爱岗敬业、无私奉献、诚实守信、公道办事、开拓创新的职业品格和行为习惯。

在此基础上，及时更新教材知识内容，体现产业发展的新技术、新工艺、新规范、新标准。加强教材数字化建设，丰富配套资源，形成可听、可视、可练、可互动的融媒体教材。

教材建设需要各方的共同努力，也欢迎相关教材使用院校的师生及时反馈意见和建议，我们将认真组织力量进行研究，在后续重印及再版时吸纳改进，不断推动高质量教材出版。

机械工业出版社

前言

《汽车底盘电控系统构造原理与检修》已出版多年，其间汽车底盘电控技术有了日新月异的发展，职业教育对高职课程也有了新的要求，鉴于这些变化，我们对教材进行了修订。本次修订增加了电控四驱系统的检修，与新能源汽车和智能网联汽车底盘相关的线控转向系统、线控制动系统的内容。

本书具有以下特点：

1. 每个项目都提出了知识目标、能力目标，配合创新与突破内容助力培养高素质的高技能人才。

2. 以工作任务导向，围绕工作任务聚焦知识和技能，向读者介绍了底盘各电控系统的构造原理，在此基础之上，每个工作任务附有故障案例，读者可以根据故障案例来学习各系统的故障检修方法。

3. 结合课程特点实行理实一体化教学编排，每个任务都有相应的知识工作页和实训工作页。知识工作页采用情境式问答，扩展和贯通了理论知识，实训工作页采用了开放式设计，可根据各自院校的实训设备特点填写，在理论联系实际的过程中，全面培养知识、技能和情感，提高专业能力、团队协作意识、安全意识和绿色环保意识等。

4. 为了增加本书的趣味性，每个工作任务都有一个与任务相关的小知识，用来扩展读者的知识范围。

5. 为推进教育数字化，本书配套了大量微课、视频，每个任务都配有可导入学习通的练习题，使内容更直观、教学更方便。

本课程建议 64 学时，具体学时分配见下表。

"汽车底盘电控系统构造原理与检修"课程划分及学时分配

序号	项　目	工　作　任　务	学时
一	自动变速器的构造原理与检修	一、液力自动变速器的检修	6
		二、双离合变速器的检修	6
		三、无级变速器的检修	6

（续）

序号	项　目	工作任务	学时
二	汽车电控行驶系统的构造原理与检修	四、电控悬架系统的检修	6
		五、胎压监测系统的检修	2
		六、巡航控制系统的检修	2
		七、电控四驱系统的检修	4
三	汽车电控转向系统的构造原理与检修	八、电动助力转向（EPS）系统的检修	6
		九、四轮转向系统的认知	2
		十、线控转向系统的检修	4
四	汽车电控制动系统的构造原理与检修	十一、防抱死制动系统的检修	4
		十二、电子稳定程序和自动泊车辅助系统的检修	4
		十三、上坡、下坡辅助制动控制系统的检修	2
		十四、电动真空泵的检修	2
		十五、电子驻车制动系统的检修	4
		十六、线控制动系统的检修	4
合　计			64

　　本书由北京劳动保障职业学院谭小锋担任主编，王显廷、许建强参编。江西科骏实业有限公司的关云霞和北京祥龙博瑞汽车服务有限公司的刘超给本书的编写提供了很大的帮助，在此表示感谢。

　　本书借鉴了大量的国内相关资料，在此向所有参考资料的作者表示感谢。

　　由于编者水平有限，书中难免有疏漏和不当之处，敬请读者和业内专家给予批评指正。

编　者

二维码索引 <<<

（续）

目录

项目一

自动变速器的构造原理与检修

任务一 液力自动变速器的检修

引言

　　液力自动变速器（AT）是在传统液力变速器的基础上增设电控系统形成的。液力自动变速器能针对不同负荷和车速选择最佳速比，使发动机工作在相应最佳转速。所有换档由变速器自行完成，驾驶人仅通过加速踏板表达对车速变化的意图和通过变速杆选择要求的运行状态。

知识目标

1. 了解液力传动和行星齿轮传动的基本工作原理。
2. 熟悉液力自动变速器电控系统的主要组件。
3. 理解自动变速器传感器、阀体和控制模块的作用。

能力目标

1. 能够制订液力自动变速器电控系统的故障检修计划。
2. 能够按照故障检修计划对液力自动变速器电控系统进行检修。
3. 能够解决学习和实践中的实际问题。

1.1　液力自动变速器的结构

1.1.1　液力变矩器

　　液力变矩器安装在发动机与变速器之间，将发动机转矩传给变速器输入轴。其与普通离合器的区别是靠液力来传递力矩，可改变发动机转矩，并能实现无级变速。液力变矩器的组成由图 1-1 所示。

图 1-1　液力变矩器的组成

1. 液力变矩器的结构

液力变矩器安装在发动机和变速器之间，以自动变速器油（ATF）为工作介质，起传递转矩、变矩、变速及离合的作用。典型的液力变矩器由泵轮、涡轮和导轮组成。液力变矩器安装示意图如图1-2所示。

泵轮是液力变矩器的输入元件，位于液力变矩器的后端，与变矩器壳体刚性连接。变矩器壳体总成用螺栓固定在发动机曲轴后端，随发动机曲轴一起旋转。

涡轮是液力变矩器的输出元件，它通过花键与行星齿轮系统的输入轴相连。涡轮位于泵轮前方，其叶片面向泵轮叶片。导轮位于涡轮和泵轮之间，是液力变矩器的反应元件。

2. 液力变矩器的工作原理

变矩器工作时，壳体内充满自动变速器油，发动机带动外壳旋转，外壳带动泵轮旋转，泵轮叶片间的液压油在离心力的作用下从内缘流向外缘。当泵轮转速大于涡轮转速

图1-2　液力变矩器安装示意图

时，泵轮叶片外缘的液压大于涡轮外缘的液压，油液在绕着泵轮轴线做圆周运动的同时，在上述压差的作用下由泵轮流向涡轮。泵轮顺时针旋转，油液将带动涡轮同样按顺时针方向旋转。当油液回到泵轮后，泵轮对油液做功，使之在泵轮叶片内缘流向外缘的过程中动能和圆周速度渐次增大，最后流向涡轮。液力变矩器工作示意图如图1-3所示。

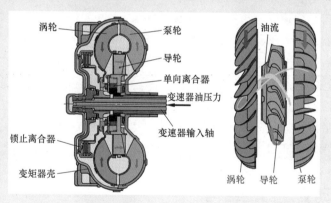

图1-3　液力变矩器工作示意图

视频1
液力变矩器的
结构与特点

由于液力变矩器的泵轮和涡轮之间存在着转速差和液力损失，其效率不如普通机械式变速器高，为提高液力变矩器在高转速比工况下的效率及汽车正常行驶时的燃油经济性，绝大部分液力变矩器增设了锁止机构，使变矩器输入轴与输出轴刚性连接，增大传动效率。其类型主要有由锁止离合器锁止的液力变矩器、由离心式离合器锁止的液力变矩器和由行星齿轮机构锁止的液力变矩器。图1-4所示为锁止离合器分离状态，图1-5所示为锁止离合器接合状态。锁止离合器的锁止工作条件见表1-1。

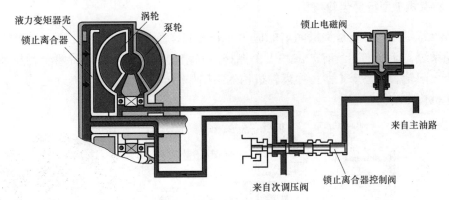

图 1-4　锁止离合器分离状态

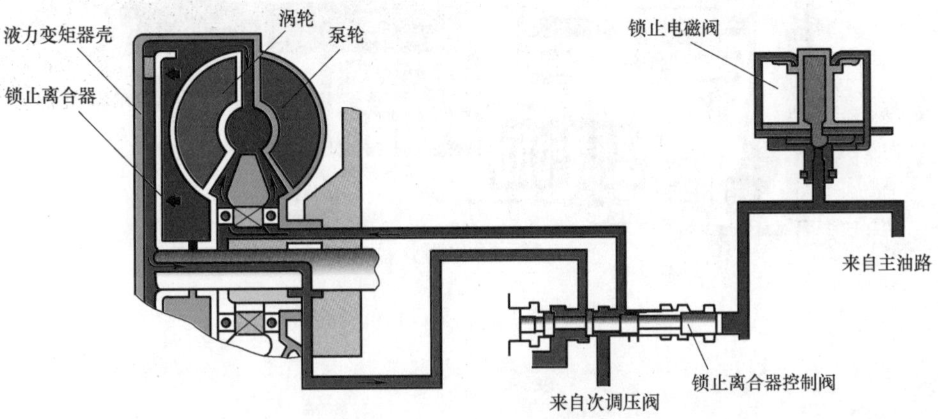

图 1-5　锁止离合器接合状态

表 1-1　锁止离合器的锁止工作条件

序号	工作条件
1	发动机冷却液温度不低于 53℃（因车型而异）
2	档位开关指示变速器处于 D 位（N 位和 P 位不能锁止）
3	制动灯开关必须指示没有进行制动
4	车速必须在 37~65km/h 范围内（因车型而异，大部分自动变速器在 3 档时进入锁止工况，少数变速器在 2 档时进入锁止工况）
5	来自节气门开度的传感器信号，必须高于最低电压，以指示节气门处于开启状态

1.1.2　齿轮变速机构

变速器绝大部分采用行星齿轮机构进行变速，也有采用普通齿轮机构变速的。单排行星齿轮机构示意图以及简图如图 1-6 所示。

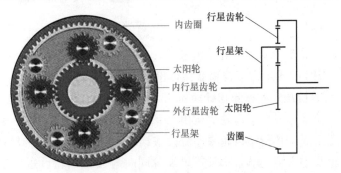

图 1-6　单排行星齿轮机构示意图以及简图

1. 辛普森式 I 型行星齿轮机构

辛普森行星齿轮系统是举世闻名的应用于轿车自动变速器的行星齿轮系统，它是三速行星齿轮系统，能提供3个前进位和1个倒档。其结构特点是：前、后两个行星齿轮机构共用一个太阳轮。辛普森 I 型行星齿轮机构的结构如图1-7所示。图1-8所示为辛普森 I 型行星齿轮机构结构简图。

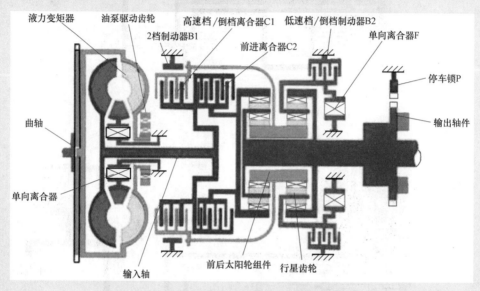

图1-7　辛普森 I 型行星齿轮机构的结构

视频2
辛普森 I 型行星齿轮
机构的结构和特点

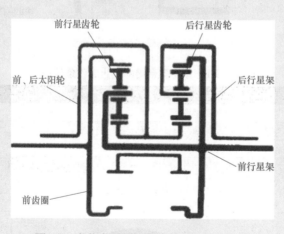

图1-8　辛普森 I 型行星齿轮机构结构简图

2. 辛普森 II 型行星齿轮机构

图1-9所示为辛普森 II 型行星齿轮机构简图。

3. 拉维娜式行星齿轮机构

拉维娜式行星齿轮机构由大、小太阳轮各1个，长、短行星齿轮各1个，行星齿轮架和齿圈组成。长行星齿轮采用分段式结构，使3档/倒档的转换更加平顺。短星齿轮与长行星齿轮及小太阳轮啮合；长行星齿轮同时与大太阳轮、短行星齿轮及齿圈啮合，动力通过齿圈输出。拉维娜式行星齿轮机构简图如图1-10所示。

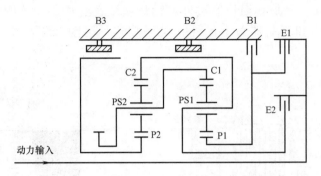

图 1-9　辛普森 II 型行星齿轮机构简图

E1—1 号离合器　E2—2 号离合器　B1—单向离合器　P1—前排太阳轮　PS1—前排行星架　C1—前排齿圈
B2—2 号制动器　B3—3 号制动器　C2—后排齿圈　PS2—后排行星架　P2—后排太阳轮

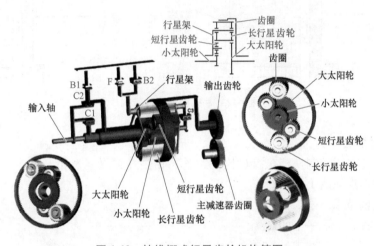

图 1-10　拉维娜式行星齿轮机构简图

1.1.3　换档执行机构

换档执行机构的功用与手动变速器同步器相似，但受液压系统控制，包括离合器、制动器、单向离合器等。

1. 多片离合器

多片离合器将变速器的输入轴和行星排的某个基本元件连接，或将行星排的某两个基本元件连接在一起，使之成为一个整体转动。

湿式多片离合器由离合器鼓、离合器活塞、回位弹簧、钢片、摩擦片、花键毂等组成。多片离合器的结构如图 1-11 所示。

2. 片式制动器

片式制动器由制动器活塞、回位弹簧、钢片、摩擦片及制动器毂等组成，如图 1-12 所示。片式制动器的结构和工作原理与湿式

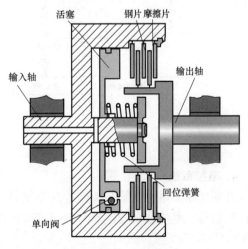

图 1-11　多片离合器的结构

多片离合器基本相同，只是其钢片通过外花键齿安装在变速器壳体的内花键齿圈上，摩擦片则通过内花键齿和制动器毂上的外花键槽相连，制动器毂与行星齿轮机构的元件相连。

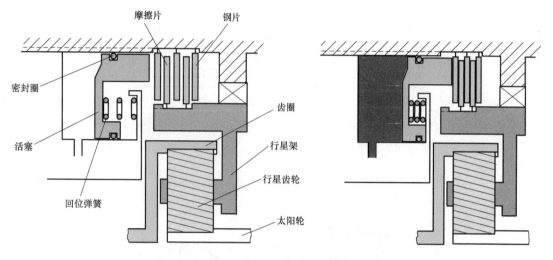

图1-12　片式制动器的结构

3. 液压控制系统

液压控制系统主要控制换档执行机构的工作，由液压泵及各种液压控制阀和液压管路等组成。液压控制系统如图1-13所示。

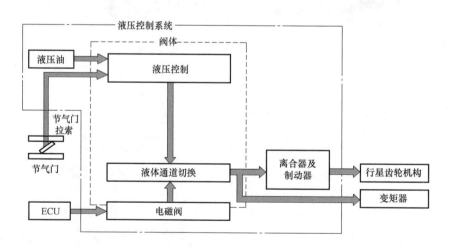

图1-13　液压控制系统

4. 电控系统

自动变速器电控系统与液压控制系统合称为电液控制系统，包括电控单元、各类传感器及执行器等。电控自动变速器与液压控制自动变速器的比较如图1-14所示，自动变速器电控系统如图1-15所示。

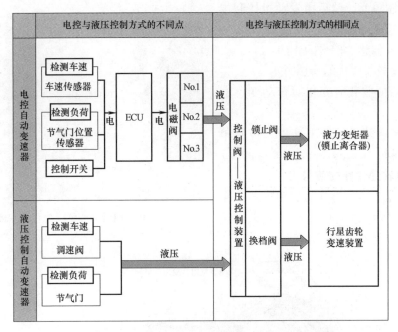

图 1-14　电控自动变速器与液压控制自动变速器的比较

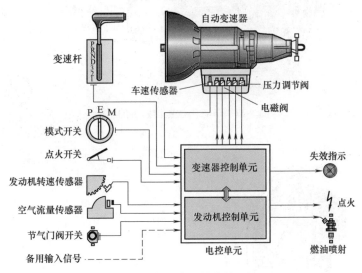

图 1-15　自动变速器电控系统

1.2　液力自动变速器电控系统的工作原理

1.2.1　电控系统信号

1. 节气门位置传感器信号

常见的节气门位置传感器为可变电阻式，由一个线性电位计组成气门位置传感器信号作为电控单元控制自动变速器档位变换的依据。图 1-16 所示为四线制节气门位置传感器电路。图 1-17 所示为节气门位置传感器的结构。

节气门位置传感器与节气门连在一起，不断地将节气门位置和加速踏板踩下速度的信号传给发动机控制单元，然后由发动机控制单元传给自动变速器控制单元。

节气门位置传感器信号的作用：

1）计算按载荷变化的换档时刻。

2）根据档位按载荷变化对自动变速器油压进行调整。

3）根据加速踏板的踩下速度，控制单元确定换档时刻。

2. 发动机转速传感器信号

发动机转速传感器通常为磁感应式或霍尔式。图1-18所示为磁感应式发动机转速传感器的结构。

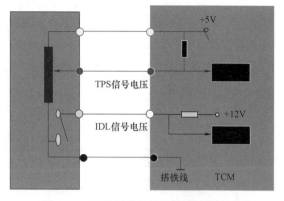

图1-16　四线制节气门位置传感器电路

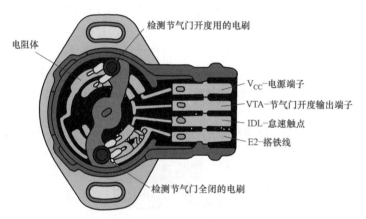

图1-17　节气门位置传感器的结构

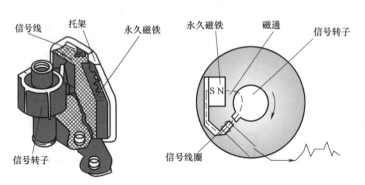

图1-18　磁感应式发动机转速传感器的结构

发动机转速传感器信号的作用：

1）电控单元将发动机转速信号与车速进行对比。按转速差控制单元识别出锁止离合器的打滑状况。如果滑动过大，即转速差过大，电控单元就增大锁止离合器压力，则滑动相应减小。

2）发动机转速传感器信号可作为车速传感器信号的替代值。

3. 车速传感器信号

车速传感器通常安装在变速器末端的壳体内。车速传感器安装示意图如图1-19所示。

车速传感器信号的作用：电控单元将该信号和输入轴转速信号进行比较，计算出传动机构的传动比，使油路压力控制过程得到进一步的优化，以改善换档品质，同时判断出离合器的打滑程度，防止离合器损坏。图 1-20 所示为车速传感器工作原理示意图。

图 1-19 车速传感器安装示意图

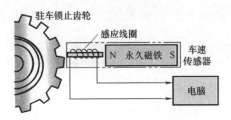
图 1-20 车速传感器工作原理示意图

4. 输入轴转速传感器信号

输入轴转速传感器用于检测输入轴转速，并将信号送入电控单元，使电控单元更精确地控制换档过程。此外，电控单元还将该信号与来自动发动机控制系统的发动机转速信号进行比较，计算出变矩器的传动比，使油路压力控制过程和锁止离合器控制过程得到进一步的优化，以改善换档品质，提高汽车的行驶性能。

图 1-21 所示为输入轴转速传感器安装示意图。

5. 变速器油温传感器信号

变速器油温传感器用于检测自动变速器的液压油的温度，以作为电控单元进行换档控制、油压控制和锁止离合器控制的依据。自动变速器油温传感器通常装在控制阀上，对变速器主要进行高温控制。图 1-22 所示为自动变速器油温传感器安装示意图。

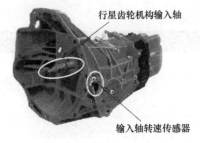
图 1-21 输入轴转速传感器安装示意图

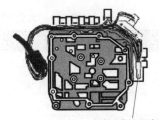
图 1-22 自动变速器油温传感器安装示意图

6. 档位开关信号

档位开关信号的作用是控制换档和换档范围。档位开关的类型有开关型、模拟电压型、编码型，还有霍尔开关式档位开关。图 1-23 所示为开关型档位开关电路。

还有的自动变速器采用霍尔开关式档位传感器。表 1-2 为霍尔开关式档位传感器换档逻辑信号，根据此表可判断霍尔开关式档位传感器故障。其中，逻辑 1 表示电压为 0~1V，逻辑 0 表示电压为 4~5V。

7. 强制降档开关信号

在踏板踩到底后、开关闭合，以此信号控制降低 1 个档位或 2 个档位。

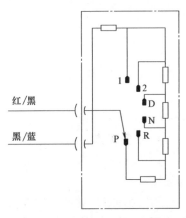
图 1-23 开关型档位开关电路

表 1-2 霍尔开关式档位传感器换档逻辑信号

	SW1	SW2	SW3	SW4
位置 1	1	1	0	0
位置 2	0	1	1	0
位置 3	1	0	1	0
位置 4	0	1	0	1

1.2.2 自动变速器电磁阀

电磁阀是电控系统的执行元件，按其作用可分为换档电磁阀、锁止电磁阀和调压电磁阀；按其工作方式可分为开关式电磁阀和脉冲式电磁阀。

开关式电磁阀的作用是开启和关闭变速器油路，可用于控制换档阀及液力变矩器的闭锁离合器锁止阀。

脉冲式电磁阀的作用是控制油路中油压的大小。控制信号是频率固定的脉冲电信号，电磁阀在脉冲电信号的作用下反复开启和关闭泄油孔，ECU 通过其改变每个脉冲周期内电流接通和断开的时间比例。

图 1-24 所示为大众 01M 电磁阀。表 1-3 所列为大众 01M 电磁阀名称及作用。

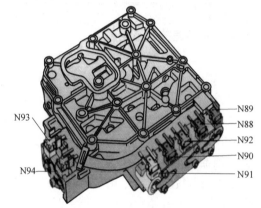

图 1-24 大众 01M 电磁阀

表 1-3 大众 01M 电磁阀名称及作用

序号	电磁阀简称	电磁阀名称	电磁阀作用
1	N88	K1 离合器控制电磁阀	开关阀断电
2	N89	B2 制动器控制电磁阀	开关阀供电
3	N90	K3 离合器控制电磁阀	开关阀断电
4	N91	锁止离合器控制电磁阀	渐进阀供电
5	N92	换档平顺电磁阀	开关阀供电
6	N93	主油压控制阀	渐进阀供电
7	N94	换档平顺电磁阀	开关阀供电

1.3 液力自动变速器性能试验

1.3.1 失速试验

1. 准备工作

1）检查（机油、冷却液、自动变速器油）和预热发动机及自动变速器，应达到正常工作温度。

2）选择安全场地，检查汽车的行车制动器和驻车制动器，确认其性能良好。前、后车轮用三角木块塞住并固定牢靠。

2. 步骤

1）拉紧驻车制动器手柄，左脚用力踩住制动踏板，起动发动机。

2）将变速杆置于 D 位，然后将加速踏板踩到底，在发动机转速不再升高时，迅速读取转速表此时显示的失速转速。

3）读取发动机转速后，立即松开加速踏板。

4）将变速杆拨入 P 或 N 位，怠速运转 1min，防止液压油因温度过高而发生变质。

然后，在 R 位进行同样的测试。

不同档位失速转速不正常的原因见表 1-4。

表 1-4　不同档位失速转速不正常的原因

变速杆位置	失速转速	故障原因
所有位置	过高	主油路油压过低 前进档和倒档的换档执行元件打滑 低速档/倒档制动器打滑
	过低	发动机动力不足 变矩器导轮的单向离合器故障
仅在 D 位	过高	前进档油路油压过低 前进离合器打滑
仅在 R 位	过高	倒档油路油压过低 高速档/倒档离合器打滑

1.3.2　时滞试验

在发动机怠速工况时，将变速杆由空档换到前进档或倒档，会有一个短暂的迟滞过程，而后，变速器即完成换档，并伴随着轻微的振动感。通过测试这一迟滞的时间，可检查超速档直接离合器、前进档离合器、直接档离合器、倒档离合器的工作状况。其步骤如下：

1）汽车行驶 5~10km，自动变速器油温度达到 50~80℃，检查发动机怠速转速，应在规定范围内。

2）选择平坦场地停车并拉紧驻车制动器手柄。

3）检查发动机怠速。如果不正常，应按标准予以调整。

4）将变速杆由 N 位拨至 D 位，并用秒表测量从换档开始到感觉到汽车振动为止所需的时间，该时间称为 N-D 延时时间（时滞）。

时滞试验检测结果分析见表 1-5。

表 1-5　时滞试验检测结果分析

迟滞时间	结果分析
从 N 位换到 D 位的时滞大于规定时间值	主油路油压可能过低；前进档离合器可能磨损；超速档单向离合器可能打滑；超速档离合器可能磨损
从 N 位换到 R 位的时滞大于规定时间值	主油路油压可能过低；直接档离合器可能磨损；1 档/倒档离合器可能磨损；超速档单向离合器打滑或磨损

5）将变速杆拨至 N 位，让发动机怠速运转 1min 后，再做 1 次同样的试验。

6）做 3 次试验，并取平均时间值，每两次测试应间隔 1min。

　　7）按上述方法，将变速杆由 N 位拨至 R 位，测量 N-R 延时时间。

1.3.3　油压试验

　　油压试验是在自动变速器运转时，对液压控制系统的各个油压进行测量，为分析自动变速器的故障提供依据，以便于有针对性地进行修复。正确的油路油压是自动变速器正常工作的先决条件。自动变速器油压试验可以诊断油泵、油路、调压阀、电磁调压器、节气门阀、速控阀及自动变速器油等方面的故障。

　　1. D 档主油路油压测试

　　1）拆下自动变速器壳体上主油路测压孔或 D 档油路测压孔螺塞，连接油压表，起动发动机。

　　2）将变速杆拨至 D 位，读取发动机怠速运转时的油压压力值。

　　3）用左脚踩紧制动踏板，同时用右脚将加速踏板完全踩下，读取失速时的前进档主油路油压值。

　　4）将变速杆拨至 N 位或 P 位，并怠速运转 1min 以上。视需要做 S、L 档的测试，重复1）~4）的步骤。

　　2. R 档主油路油压测试

　　1）拆下自动变速器壳体上主油路测压孔或倒档油路测压孔螺塞，连接油压表，起动发动机。

　　2）将变速杆拨至 R 位，读取发动机怠速运转时的倒档主油路油压压力值。

　　3）用左脚踩紧制动踏板，同时用右脚将加速踏板完全踩下，读取发动机失速时的倒档主油路油压值。

　　4）将变速杆拨至 N 位，并怠速运转 1min 以上。

　　3. 主油路油压诊断分析

　　将上述测得的主油路油压与标准值进行比较（参考不同车型自动变速器主油路的油压值）。若主油路油压不正常，说明系统有故障。油压不正常的原因见表 1-6。

表 1-6　油压不正常的原因

工况	测试结果	故障原因
怠速	所有档位的主油路油压均太低	油泵故障；主油路调压阀卡死；主油路泄漏；主油路调压阀弹簧太软；节气门阀卡滞；节气门拉索或节气门位置传感器调整不当
	前进档和前进低速档的主油路油压均太低	前进离合器活塞漏油；前进档油路泄漏
	前进档的主油路油压正常 前进低速档的主油路油压太低	1 档强制离合器或 2 档强制离合器活塞漏油；前进低速档油路泄漏
	前进档主油路油压正常 倒档主油路油压太低	倒档/高速档离合器活塞漏油；倒档油路泄漏
	所有档位的主油路油压均太高	节气门拉索或节气门位置传感器调整不当；主油路调压阀卡死；节气门阀卡滞；主油路调压阀弹簧太硬；油压电磁阀损坏或电路故障
失速	稍低于标准油压	节气门拉索或节气门位置传感器调整不当；油压电磁阀损坏或电路故障；主油路调压阀卡死或弹簧太软
	明显低于标准油压	油泵故障；主油路泄漏

4. 离合器油压检测

1）使油温达到工作温度（50~80℃）并固定后车轮、举升前轮（可以自由转动），连接压力表到离合器（各档）油压测试螺塞，控制发动机转速在 2000r/min 并分别测试各档位离合器油压。

2）对各档离合器的控制油压进行测试。其油压分析见表 1-7。

表 1-7　离合器油压分析

测试油压	变速杆位置	现象	故障部位	油压/kPa	
				标准值	最低允许值
1 档离合器	D3 或 D4	1 档油压低	1 档离合器	780~840	735
2 档离合器 3 档离合器 4 档离合器	D4	2 档油压低 3 档油压低 4 档油压低	2 档离合器 3 档离合器 4 档离合器	840	735
1 档离合器 2 档离合器 1 档固定离合器	2 或 1	1 档油压低 1 档油压低 1 档固定离合器油压低	1 档离合器 2 档离合器 1 档固定离合器	780~840	735
倒档离合器	R	倒档油压低	倒档离合器	1166~1244	1127

1.3.4　道路试验

自动变速器的道路试验是分析、诊断自动变速器故障及检验修复后自动变速器工作性能和修理质量的有效手段之一。道路试验是对汽车自动变速器性能的最终检验，检验内容侧重于换档点、换档冲击、振动、噪声和打滑等方面。

1. 升档过程的检查

将变速杆拨至 D 位，踩下加速踏板，使节气门保持在 50% 开度左右，让汽车起步并加速，检查自动变速器的升档情况。升档转速参考值见表 1-8。

表 1-8　升档转速参考值

节气门开度	1—2 档	2—3 档	3—4 档
50%	900r/min	2200r/min	3200r/min

2. 升档车速的检查

起动发动机，将变速杆拨至 D 位，踩下加速踏板，并使节气门保持在某一固定开度，让汽车起步并加速。当感觉到自动变速器升档时，记下升档车速。升档车速参考值见表 1-9。

表 1-9　升档车速参考值

节气门开度	1—2 档	2—3 档	3—4 档
50%	25~30km/h	55~70km/h	90~120km/h

3. 换档质量的检查

换档质量的检查内容主要是检查有无换档冲击。正常的自动变速器只有不太明显的换档冲击，特别是电控自动变速器的换档冲击十分微弱。

4. 锁止离合器工作情况的检查

液力变矩器中的锁止离合器工作是否正常可以采用道路试验的方法进行检查。试验中，让汽车加速至超速档,以高于80km/h的车速行驶,并让节气门保持在低于50%开度的位置,使液力变矩器进入锁止状态。此时,快速将加速踏板踩下2/3高度,同时检查发动机转速的变化情况。若各发动机转速没有太大变化,说明锁止离合器处于接合状态;反之,若发动机转速升高很多,则表明锁止离合器没有接合。

5. 发动机制动作用的检查

检查自动变速器有无发动机制动作用时,应将变速杆拨至前进低速档(S、L或2、1)位置,在汽车以2档或1档行驶时,突然松开加速踏板,检查是否有发动机制动作用。

1.4　自动变速器油(ATF)

自动变速器油(Automatic Transmission Fluid,ATF)是指专用于自动变速器的油液。ATF对自动变速器的工作、使用性能以及使用寿命都有非常重要的影响。ATF如图1-25所示。

图1-25　ATF

在进行自动变速器维护时,对ATF的检查是极其重要的工作。ATF检查内容主要包括油质检查、油量检查和漏油检查。

检查油质、颜色、气味和杂质,确认ATF是否过热变质。正常ATF为红色,油质清澈纯净,如果颜色变黑、有烧焦味且含有杂质,则予以更换。

1. 自动变速器油油面的理想位置

一般加入自动变速器中的油液数量,应保证在液力变矩器及各操纵油缸充满以后,变速器中油面高度低于行星齿轮等旋转件的最低点,高出阀体与变速器壳体的接合面。图1-26所示为自动变速器油尺。

2. 自动变速器油油面过低的影响

1)空气从油泵进油口侵入,会发出"嗡嗡"的异响,降低乘坐的舒适性。

2)若油泵吸入空气或油液中渗入空气,会降低液压回路的油压,使各控制滑阀和执行元件动作失准,操纵失灵。

图1-26　自动变速器油尺

3)降低液压回路的油压,会引起离合器、制动器打滑,不但降低了传动效率,而且加剧了磨损。

4)运动件得不到充分可靠的润滑,可能因过热而引发运动件卡滞及过度磨损。

3. 自动变速器油面过高的影响

1）由于机械搅拌而产生大量泡沫，这些泡沫进入液压控制系统，会引发与油面过低而产生的同样问题。

2）如果控制阀体浸没于自动变速器油中，则液压管路中的离合器、制动器的泄油口会被自动变速器油阻塞，施加于离合器、制动器的油压不能完全释放或释放速度太慢，使离合器、制动器动作迟缓（如升、降档动作迟滞）、增大换档冲击。

4. 自动变速器油面的检查条件

运行车辆，使发动机和变速器处于正常的工作温度；然后将车辆停在水平路面上，并拉紧驻车制动器手柄，同时，发动机怠速运转，将变速杆从驻车档换入各档再换回到驻车档，将变速器油尺拉出擦净，再全部插入管内；再次将油尺拉出，检查油位是否在 HOT（热）范围内。图 1-27 所示为自动变速器冷态和热态时的检查。

a) 冷态标记

b) 热态标记

图 1-27　自动变速器冷态和
热态时的检查

1.5　液力自动变速器检修

1.5.1　自动变速器常规检查项目

汽车自动变速器的常规检查项目有自动变速器油的油面高度检查、油质检查、自动变速器油液泄漏情况检查、发动机节气门开启情况检查、换档档位检查、自动变速器各控制开关工作情况检查、发动机怠速转速检查等。

1.5.2　自动变速器故障的一般检修程序

故障诊断与检测程序：初步检查→故障码检查→手动换档试验→机械系统试验→液压系统试验→电控系统试验→查对常见故障及原因分析与排除方法。

根据故障现象分析，进行故障现象确认。如果是电控自动变速器，而且故障指示灯亮，首先进行自我诊断读取故障码，排除故障码所代表的故障。进行自动变速器和发动机的常规检查，主要项目有检查油面高度和油质、检查并调整节气门拉索和节气门位置传感器、检查变速杆连动杆系、检查空档起动开关及档位开关、检查发动机怠速、检查轮胎气压及传动系统其他相关部位、进行失速试验，检查发动机和自动变速器内部机械技术状况、手动换档试验；确定故障是在电控部分还是在自动变速器内部，进行时滞试验，检查自动变速器的离合器、制动器的磨损情况。

1.5.3　检修自动变速器应注意的事项

自动变速器发生故障，与发动机、电控系统和自动变速器本身有关，因此应确认故障在自动变速器内部后，才可对其进行拆卸检修：举升或支撑车辆，若只需顶起汽车前端或后端，必须用三角木块塞住车轮；拆检电气元件，应先拆下蓄电池负极接线。拆下蓄电池负极接线后，可能导致音响系统、防盗系统等锁死，并可引起某些系统设定参数的消失，因而在断电前必须做好有关记录。更换熔丝时，新熔丝必须具有相同的额定电流值，不能用超过或低于额定电流值的熔丝。检查电气元件应使用量程合适的数字万用表，以免损坏零件。分解自动变速器之前，应对其外部进行彻底的清洗，以防脏物污染内部零件。因为即使是细小的杂物，也会引起自动变速器液压系统的故障。拆卸自动变速器时，所有零件应按顺序放好，以利装复。特别是分解阀体总成时，其阀门应与弹簧放在一起。

1.5.4　常见故障的检测方法与基本维修

1. 自动变速器换档冲击大的故障排除

（1）故障现象　汽车起步时，变速杆从 P 或 N 位挂入 D 或 R 位时，汽车振动大；行驶中，自动变速器升档瞬间产生振动。

（2）故障原因　发动机怠速过高；节气门拉索或节气门位置传感器调整不当，主油路油压高；升档过迟；真空式节气门阀真空软管破损；主油路调压阀故障，使主油路油压过高；减振器活塞卡住，起不到减振作用；单向阀球漏装，制动器或离合器接合过快；换档组件打滑；油压电磁阀故障；电控单元故障。

（3）排除方法　检查发动机怠速；检查、调整节气门拉索和节气门位置传感器；检查真空式节气门阀的真空软管。路试检查自动变速器升档是否过迟。升档过迟是换档冲击大的常见原因。

检测主油路油压。如果怠速时主油路油压高，说明主油路调压阀或节气门阀存在故障；如果怠速油压正常，而起步冲击大，说明前进离合器、倒档及高速档离合器的进油单向阀损坏或漏装。

检查换档时主油路油压。正常情况下，换档时主油路油压瞬时应有下降。若无下降，说明减振器活塞卡住，应拆检阀体和减振器。

检查油压电磁阀的工作是否正常；检查电控单元在换档瞬间是否向油压电磁阀发出控制信号。如果电磁阀本身有问题，则应更换；如果电路存在问题，则应修复。

2. 自动变速器打滑的故障排除

（1）故障现象　起步时踩下加速踏板，发动机转速上升很快但车速升高缓慢；上坡时无力，发动机转速上升很高。

（2）故障原因　液压油油面太低；离合器或制动器磨损严重；油泵磨损严重，主油路漏油造成主油路油压低；单向超越离合器打滑；离合器或制动器密封圈损坏导致漏油；减振器活塞密封圈损坏导致漏油。

（3）排除方法　检查液压油油面高度和油的品质；若液压油变色或有烧焦味，说明离合器或制动器的摩擦片烧坏，应拆检自动变速器。

路试检查，若所有档都打滑，故障发生在前进离合器。若变速杆在 D 位的 2 档打滑，而在 S 位的 2 档不打滑，说明 2 档单向超越离合器打滑。若在 D 位、S 位的 2 档时都打滑，则为低速档及倒档制动器打滑。若在 3 档时打滑，原因为倒档及高档离合器故障。若在超速档打滑，则为超速制动器故障。若在倒档和高速档时打滑，则为倒档和高速档离合器故障。若在倒档和 1 档打滑，则为低速档及倒档制动器打滑。若前进档或倒档都打滑，说明主油路油压低，此时应对油泵和阀体进行检修。若主油路油压正常，原因可能是离合器或制动器摩擦片磨损过度或烧焦，更换摩擦片即可。

1.5.5　故障案例——自动变速器不能换档故障

故障现象：一辆帕萨特轿车，装配 1.8L TSI（CEA）发动机，搭载 09G 6 档自动变速器，行驶里程为 1100km。车主反映该车变速杆卡在 P 位不能移动，而且点火钥匙不能从点火开关中取出，变速杆处所有档位显示都自动亮起。

检查分析：起动发动机，尝试将变速杆切换到各档位，发现变速杆能从 P 位移出，并且各档位显示均正常。关闭点火开关，钥匙能从点火开关中取出。经过上述检查没有出现用户描述的故障，这表明该车的故障是间歇性的。

经过与车主沟通，得知该车使用至今该故障出现过 3 次，而且最后 1 次在其他维修站检查过，处理方法是更换变速器的多功能开关。由于维修站没有多功能开关，车主到本维修站进行检查。

使用车辆诊断仪 V. A. S5051B 进入网关安装列表检查故障，发现发动机电子设备、变速器电子设备、制动器电子设备、驻车制动器及转向柱电子系统控制存在故障，如图 1-28 所示。

1001-编辑服务			
01 -	发动机电子设备	故障	0010
02 -	变速器电子设备	故障	0010
42 -	驾驶人侧车门电子设备	正常	0000
52 -	前排乘员侧车门电子设备	正常	0000
62 -	左后车门电子设备	正常	0000
72 -	右后车门电子设备	正常	0000
03 -	制动器电子设备（ESP）	故障	0010
53 -	驻车制动器（EPB）	故障	0010
64 -	转向角传感器	正常	0000
44 -	动力转向（EPS）	正常	0000
15 -	安全气囊	正常	0000
25 -	防起动锁（WFS）	正常	0000
16 -	转向柱电子系统控制（SMLS）	故障	0000

图 1-28　故障码

进入各系统检查故障，发动机电子设备中存储 4 个故障码，分别为：00256，质量或体积空气流量电路（间歇式）；53286，变速器控制单元请读取故障码（间歇式）；02329，换档位置控制故障（间歇式）；05668，要求故障灯打开（间歇式）。变速器电子设备中存在 3 个故障码，分别为：00293，多功能变速器档位范围（TR）开关 F125 不可靠信号（间歇式）；01314，发动机控制单元检查故障码存储器（间歇式）；18253，读取转向柱电子系统控制单元 J527 的故障码存储器（间歇式）。制动器电子设备中存储 1 个故障码：01314，发动机控制单元检查故障码存储器。驻车制动器中存储 1 个故障码：U111300，由于接收到故障值而造成功能受限。转向柱电子系统控制中存储 1 个故障码：B116269，变速杆停车位置锁止开关不可靠信号（被动/偶发）。

进一步分析上述故障码。发动机控制单元中的故障码 00256 应该是车辆在其他维修站检查时引起的偶发故障码。在多个控制单元中均存储了与多功能开关 F125 及变速杆位置有关的故障码，这表明该车的故障与多功能开关 H25 有关。由于该车的故障是间歇式的，现在车辆没有出现故障，所以测量 F125 插接器上的供电及搭铁都正常。

经过再次与车主沟通得知，该车的故障是在下雨天出现的。考虑到该车的自动变速器控制单元安装位置在左前车轮罩内部，如果控制单元的插接器进水可能会造成这种故障。于是，拆下左前车轮罩，先检查连接自动变速器控制单元的线束是否存在破损的现象，经检查发现在左前照灯的后面有一根线束被前照灯固定螺栓磨破，如图 1-29 所示。对照电路图发现这根线正是连接多功能开关的。

故障排除：将线束修复后重新固定，如图 1-30 所示。经过试车，车辆正常。后电话回访，车主反映该车故障未再出现。

回顾总结：在遇到类似的间歇性故障时，不要盲目更换与故障现象有关的配件。建议先与车主进行沟通，掌握故障出现时车辆行驶的各种状况，这样才能更快、更准确地排除故障。例如本案例中车主反映的"出现故障是在下雨天"这一情况，为故障的顺利排除提供了很大帮助。

图 1-29　磨损的线束

图 1-30　修复并固定线束

1.6　小知识——自动变速器汽车驾驶技巧

1）行驶于平坦道路时，自动变速器的变速杆应挂前进档，这样自动变速器就能根据车辆的行驶速度、节气门开度、行驶阻力、车辆负荷等因素自动选择档位，使自动变速器在 1 档、2 档、3 档和 4 档之间自动升降，自动选择与车辆行驶速度最相匹配的档位。

2）突遇险情或在比较陡的坡道行驶时，可以充分利用发动机的制动作用降速，在前进档行驶时，瞬时踏下加速踏板，即可降档行驶，松开加速踏板，发动机即起制动作用。

视频3
自动档汽车
的驾驶技巧

3）汽车在超车时，必须使用强制低速档或 S 档（运动模式）。使用这一方法，只有在车速降到一定数值后，才能自动地回到低速档高速超车。当汽车在行驶中的速度达到 60~70km/h 时，将加速踏板踩到底。当加速的要求已经满足时，应立即松开加速踏板，变速器即升入高速档行驶。

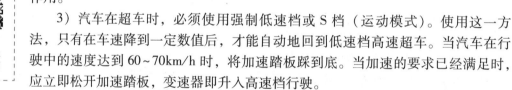

任务二　双离合变速器的检修

引言

DCT 是 Dual Clutch Transmission 的简写，中文直译为"双离合变速器"，DCT 是所有双离合变速器的通称。

DSG（Direct Shift Gearbox）是大众对双离合变速器的叫法，中文直译为"直接换档变速器"。

知识目标

1. 了解双离合变速器的结构与工作原理。
2. 了解双离合变速器电控系统的控制原理。

能力目标

1. 能够制订双离合变速器电控系统的故障检修计划。
2. 能够按照故障检修计划对双离合变速器电控系统进行检修。
3. 能够解决学习和实践中的实际问题。

大众 DSG 采用了 2 个离合器和 6 个或 7 个前进档的传统齿轮变速器作为动力的传送部件。DSG 如图 2-1 所示。

双离合器变速器使用两个离合器，但没有离合器踏板，先进的电子系统和液压系统像控制标准自动变速器那样对离合器进行控制，在双离合器变速器中，各离合器单独运转。一个离合器控制奇数档（1档、3 档、5 档和倒档），另一个离合器控制偶数档（2 档、4 档和 6 档），这样，不需要中断从发动机到变速器的动力传送就可以换档。由于双离合器变速器可以"逐渐退出"一个档位并"逐渐接入"另一个档位，因此减少了换档冲击。更重要的是，换档是在负载下完成的，因此可以始终维持动力输出。

图 2-1　DSG

视频4
双离合变速器
的结构和特点

2.1　六速双离合变速器（DSG）的结构

2.1.1　多片湿式双离合器

DSG 的多片湿式双离合器的结构如图 2-2 所示。多片湿式双离合器内部主要由两个离合器组成：离合器 K1 和离合器 K2。多片湿式双离合器的作用等同于普通手动变速器中机械式离合器的作用，针对有级的液力机械式自动变速器，其作用相当于液力变矩器的作用，多片湿式双离合器即为一个自动离合器。

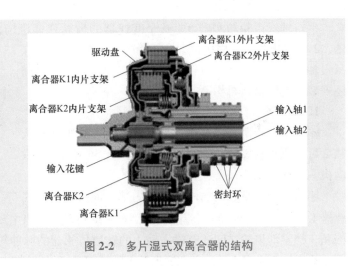

图 2-2　多片湿式双离合器的结构

1. 离合器 K1

离合器 K1 如图 2-3 所示。它主要由离合器内鼓、离合器外鼓、驱动活塞、驱动活塞密封圈、活塞缸、碟形弹簧等元件组成。

离合器 K1 内毂和变速器输入轴 1 花键配合连接在一起，其外鼓是双离合器外壳，而外壳是和与发动机曲轴相连接的双质量飞轮通过螺栓连接为一体的。由此得知离合器 K1 的主要作用是让曲轴与变速器输入轴 1 实现连接或分离。

2. 离合器 K2

离合器 K2 如图 2-4 所示，其结构与离合器 K1 基本相似，同样由离合器内鼓、离合器外鼓、驱动活塞、驱动活塞密封圈、活塞缸、螺旋弹簧等元件组成。

离合器 K2 与离合器 K1 结构不同的是：离合器 K2 内鼓和变速器输入轴 2 通过花键配合连接在一起。离合器 K2 的主要作用是让曲轴与变速器输入轴 2 实现连接或分离。

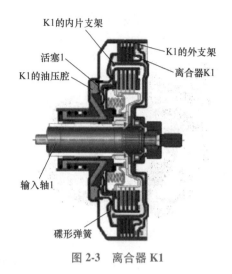

图 2-3　离合器 K1

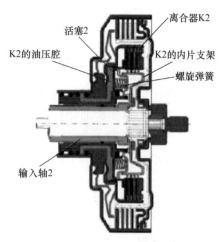

图 2-4　离合器 K2

离合器 K1 和离合器 K2 的作用：离合器 K1 主要负责 1 档、3 档、5 档和倒档，在汽车行驶中一旦用到上述档位中任何一档，离合器 K1 接合；离合器 K2 主要负责 2 档、4 档和 6 档，当使用 2、4、6 档中的任一档时，离合器 K2 接合。

2.1.2　平行轴式齿轮箱

平行轴式齿轮箱实质就是整个变速器的齿轮变速机构，整个齿轮箱有 2 根同轴心的输入轴、2 根输出轴，1 根中间轴（也称倒档惰轮轴），在每根轴上都适当安装有齿轮，相应的在齿轮和齿轮之间还安装有换档执行机构——同步器。

1. 输入轴

输入轴共有两根，如图 2-5 所示。输入轴 1 和输入轴 2 可分别通过双离合器中的离合器 K1 和 K2 得到发动机输出的转矩。

图 2-5　输入轴 1 和输入轴 2

输入轴 1 在空心的输入轴 2 的内部，通过花键与离合器 K1 相连。输入轴 1 上有 1 档/倒档主动齿轮、3 档主动齿轮及 5 档主动齿轮；在 1 档/倒档和 3 档主动齿轮之间还有输入轴 1 的转速传感器的脉冲轮，如图 2-6 所示。

输入轴 2 为空心的，套在输入轴 1 的外部，通过花键和离合器 K2 相连。输入轴 2 上安装有 2 档、4 档/6 档齿轮，在 2 档齿轮附近还有输入轴 2 转速传感器的脉冲轮，如图 2-7 所示。

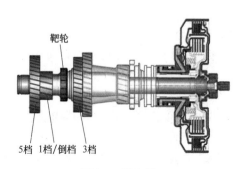

图 2-6　输入轴 1

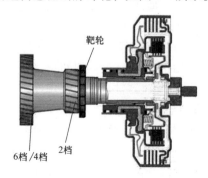

图 2-7　输入轴 2

2. 输出轴

输出轴有两根：输出轴 1 和输出轴 2。输出轴 1 如图 2-8 所示。

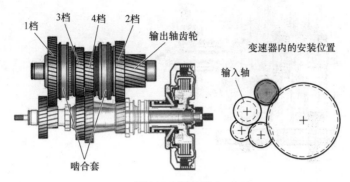

图 2-8　输出轴 1

输出轴 1 上有如下元件：1 档和 3 档同步器（三件式），2 档和 4 档同步器（单件式）、1、2、3、4 档从动换档齿轮，与差速器相连的输出齿轮。位于输出轴 1 上的 1、2、3、4 档从动齿轮分别与位于输入轴上的 1、2、3、4 档主动齿轮常啮合，形成若干对常啮合的齿轮副。当同步器处于中立位置时，输出轴 1 上的所有从动换档齿轮处于空转状态，不对外输出动力。

输出轴 2 如图 2-9 所示，其上有如下元件：变速器输出轴输出转速传感器脉冲轮、6 档/倒档同步器、5 档从动换档齿轮、6 档从动换档齿轮、倒档从动换档齿轮和与差速器相连的输出齿轮。位于输出轴 2 上的 5、6 档从动齿轮分别与位于输入轴上的 5、6 档主动齿轮常啮合，倒档从动齿轮则与位于后述的中间轴上的倒档惰轮常啮合。当 5 档、6 档和倒档的同步器处于中立位置时，输出轴 2 上的所有从动换档齿轮均处于空转状态，不对外输出动力。

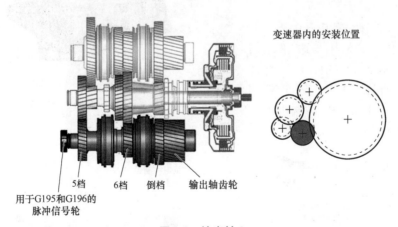

图 2-9　输出轴 2

3. 中间轴/倒档轴

如图 2-10 所示，倒档轴上安装有 2 个倒档惰轮，倒档惰轮随倒档轴旋转而旋转，分别与位于输入轴上的 1 档/倒档主动齿轮、输出轴上的倒档从动齿轮常啮合。

2.1.3　换档执行机构

DSG 的档位转换是由换档执行机构（图 2-11）/档位选择器来操作的。档位选择器实际上是个液压马达，推动拨叉就可以进入相应的档位，由液压控制系统来控制它们的工作。在液

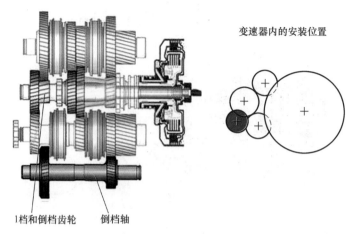

变速器内的安装位置

1档和倒档齿轮　　倒档轴

图 2-10　中间轴和倒档轴

压控制系统中有 6 个油压调节电磁阀，用来调节 2 个离合器和 4 个档位选择器中的油压压力，还有 5 个开关电磁阀分别控制档位选择器和离合器的工作。

在 DSG 中，换档执行机构主要由液压马达/液压伺服机构、换档拨叉、同步器等元件组成，其中液压马达/液压伺服机构 8 个、换档拨叉 4 个、同步器 4 个。

每个同步器的接合套由一个拨叉控制，每个拨叉由 2 个液压马达/液压伺服机构控制。4 个同步器中，1、3 档共用 1 个，2、4 档共用 1 个，6、R 档共用 1 个，5 档单独用 1 个。控制机构如图 2-12 和图 2-13 所示。

该油必须达到以下要求：
· 保证离合器控制和液压控制安全可靠
· 在整个温度范围内，黏度不变
· 能够承受高机械负荷
· 无泡沫

油冷却器

档位选择器

压力油过滤器

齿轮冷却油喷管

滑阀箱　　油泵　　油槽

图 2-11　换档执行机构

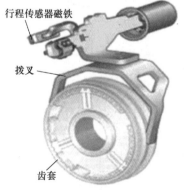

行程传感器磁铁

拨叉

齿套

图 2-12　控制机构（一）

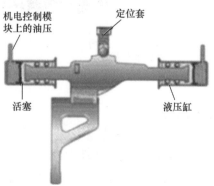

机电控制模块上的油压　　定位套

活塞　　液压缸

图 2-13　控制机构（二）

2.2　双离合变速器动力传递路线

下面举 1 档和 2 档时变速器的动力传递路线说明变速器的换档工作原理。

1. 1 档时变速器的工作

在 1 档起步行驶时，动力传递路线如图 2-14 中直线和箭头所示，外部离合器接合，通过内部输入轴到 1 档齿轮，再输出到差速器。图中虚线和箭头所示的路线是 2 档时的动力传递路线，由于离合器 2 是分离的，这条路线实际上还没有动力在传输，是预先选好档位，为接下来的升档做准备的。当变速器进入 2 档后，退出 1 档，同时 3 档预先接合。

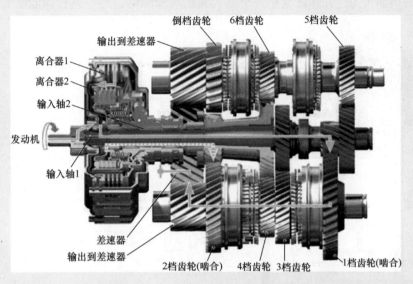

图 2-14　1 档时变速器动力传递路线

2. 2 档时变速器的工作

图 2-15 所示为 2 档时变速器动力传递路线。

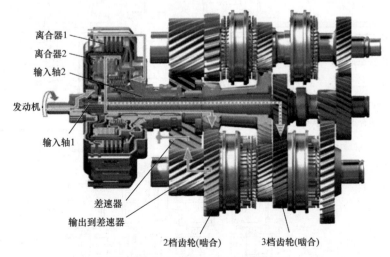

图 2-15　2 档时变速器动力传递路线

2.3　双离合变速器液压控制系统的工作原理

图 2-16 所示为双离合器自动变速器的液压系统。该系统主要包括供油部分、双离合器控制部分、换档拨叉控制部分及辅助部分。供油部分由油泵、减压阀、主调压滑阀及调压电磁阀组成，通过调压电磁阀控制主调压滑阀从而实现对液压系统主油路压力的调节；当系统出现故障，压力上升到一定值时，将推开减压阀释放压力保护液压系统。双离合器控制部分主要由两路相对独立的油路组成，分别控制离合器 C1 和离合器 C2，两部分的控制油路完全相同，包括安全阀、蓄能器、压力传感器及离合器控制比例阀。通过安全阀可以调节两个离合器控制油路的供油压力，并保证其中一个离合器出现故障时，另一离合器能够安全地独立工

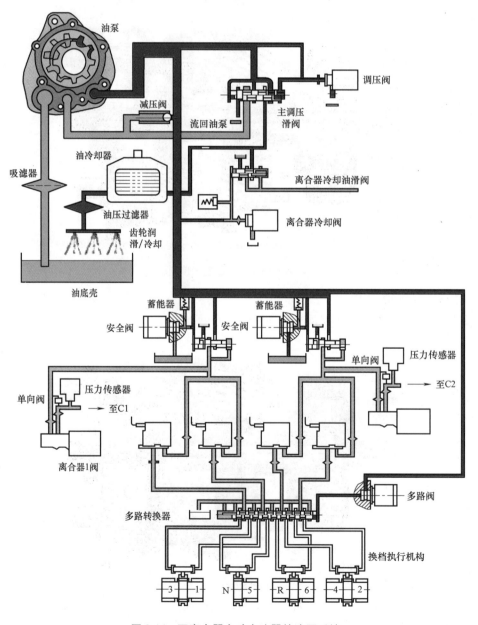

图 2-16　双离合器自动变速器的液压系统

作。离合器 1 阀与离合器 2 阀为比例电磁阀，可以实现对离合器控制压力的精确控制，两个压力传感器为离合器压力的精确控制提供反馈信号。换档拨叉控制部分主要由 4 个开关阀与 1 个两位多路阀组合而成，多路阀通过另一个开关阀控制其工作位置的变换。辅助部分主要包括双离合器润滑部分、液压系统散热及过滤部分。

2.4　双离合变速器控制单元

双离合变速器控制单元由电子控制单元和电子液压控制单元两部分构成，这两部分集成在一起，连同阀体都位于滑阀箱内，浸于 DSG 变速器油内。控制单元如图 2-17 所示。

2.4.1　电磁阀

阀体上共有 11 个电磁阀和 1 个泄压阀，电磁阀分为开关阀和调节阀两种类型。开关阀有 N88、N89、N90、N91、N92；调节阀有 N215、N216、N217、N218、N233、N371。

1. 多路控制阀 N92

多路控制阀 N92 如图 2-18 所示，控制液压部分接通不同的油道。当该电磁阀未动作时，接通 2、4、6 档供油油路；当该电磁阀动作时，接通 1、3、5 档和倒档供油油路。失效影响：电磁阀处于空闲位置，无法被油压激活，会出现换档错误，甚至有使车辆熄火的危险。

图 2-17　控制单元

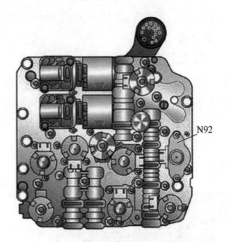

图 2-18　多路控制阀 N92

2. 换档控制阀 N88、N89、N90、N91

未通电情况下，换档控制阀处于关闭状态，液压油无法到达换档执行元件。N88 控制 1 档和 5 档换档油压，N89 控制 3 档和空档换档油压，N90 控制 2 档和 6 档换档油压，N91 控制 4 档和倒档换档油压。失效影响：若相关电磁阀损坏，变速器当时所在档位无法改变，车辆只能以 1 档或 3 档或 2 档行驶。换档控制阀 N88、N89、N90、N91 如图 2-19 所示。

3. 调节阀

压力控制阀 N215 控制多片式离合器 K1 的压力。离合器压力控制的基础是发动机转矩，控制单元根据摩擦片的可变摩擦系数来对压力进行控制。压力控制阀 N216 控制多片式离合器 K2 的压力。离合器压力控制的基础是发动机转矩，控制单元根据摩擦片的可变摩擦系数来对压力进行控制。失效影响：相应的变速器档位无法实现，组合仪表上会有故障显示。压力控制阀 N215、N216 如图 2-20 所示。

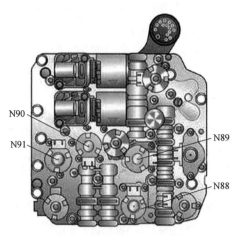

图 2-19　换档控制阀 N88、N89、N90、N91

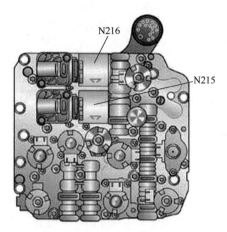

图 2-20　压力控制阀 N215、N216

4. 离合器冷却压力控制阀 N218

该阀为调节阀，通过滑阀控制冷却油的流量。控制单元通过采集 G519 的信号来控制该阀。失效影响：若该阀出现故障，以最大流量对多片式离合器进行冷却，低温下换档困难，油耗也会增加。离合器冷却压力控制阀 N218 如图 2-21 所示。

5. 安全阀

安全阀使变速器的两个部分相互分离，安全阀 N233 控制变速器部分一，安全阀 N371 控制变速器部分二。安全阀 N233、N371 如图 2-22 所示。失效影响：失效后，相应变速器部分档位无法实现。N233 失效时，变速器只能以 2 档行驶；N371 失效时，变速器只能以 1 档和 3 档行驶。

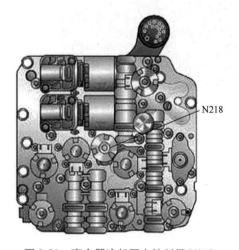

图 2-21　离合器冷却压力控制阀 N218

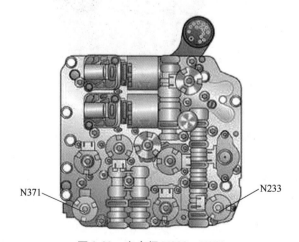

图 2-22　安全阀 N233、N371

2.4.2　传感器

DSG 电控系统如图 2-23 所示。

DSG 控制单元要完成以下任务：根据需求调整液压系统压力、双离合器控制、离合器冷却控制、换档点选择、换档和其他控制单元交换信息、激活应急模式以及自诊断。

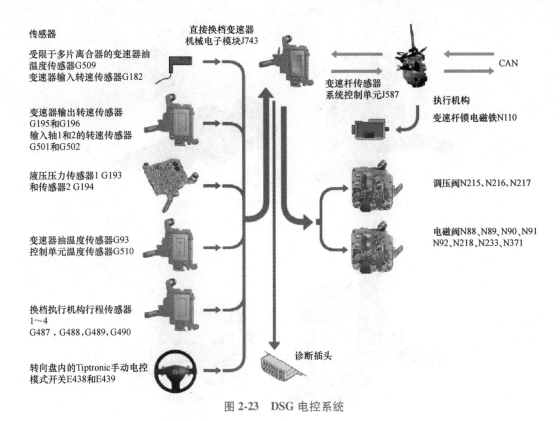

图 2-23 DSG 电控系统

1. 变速器输入转速传感器 G182

信号作用：用于计算离合器的打滑率。为实现该功能，控制单元必须采集 G501 和 G502 的信号，根据离合器的打滑情况，控制单元可以精确地进一步打开或关闭离合器。变速器输入转速传感器 G182 如图 2-24 所示。失效影响：若该传感器失效，控制单元以发动机转速传感器信号来替代。

2. 输入轴转速传感器 G501 和 G502

信号作用：监测离合器 K1 和 K2 的输出转速，识别离合器的打滑率与输出转速传感器配合，监测档位是否正确挂上。输入轴转速传感器 G501 和 G502 如图 2-25 所示。失效影响：G501 失效，变速器只有 2 档；G502 失效，变速器只有 1 档和 3 档。

3. 输出轴转速传感器 G195 和 G196

图 2-24 变速器输入转速传感器 G182

信号作用：识别车速和车辆行驶方向。输出轴转速传感器 G195 和 G196 如图 2-26 所示。失效影响：若该传感器失效，控制单元用 ABS 的车速和车辆行驶方向信号替代。

4. 液压传感器 G193 和 G194

信号作用：控制单元利用该传感器信号来识别作用于离合器 K1 和离合器 K2 的液压油压力。液压传感器 G193 和 G194 如图 2-27 所示。失效影响：变速器只能以 2 档行驶或 1 档和 3 档行驶。

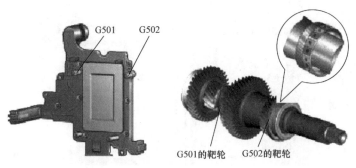

图 2-25 输入轴转速传感器 G501 和 G502

图 2-26 输出轴转速传感器 G195 和 G196

5. 离合器温度传感器 G509

信号作用：调节离合器冷却油流量和采取进一步措施，其工作温度范围为-55～180℃。离合器温度传感器 G509 如图 2-28 所示。失效影响：控制单元采用 G93 和 G510 的信号作为替代值。

图 2-27 液压传感器 G193 和 G194

图 2-28 离合器温度传感器 G509

6. 变速器油温传感器 G93 和变速器控制单元温度传感器 G510

信号作用：监测滑阀箱温度，开始过热程序，两个传感器互相监测。变速器油温传感器 G93 和变速器控制单元温度传感器 G510 如图 2-29 所示。失效影响：油温超过 138℃，减小发动机输出转矩；油温超过 145℃，停止向离合器供油，离合器处于断开位置。

7. 换档元件位置传感器

信号作用：识别换档拨叉的准确位置。换档元件位置传感器如图 2-30 所示。失效影响：相应档位无法啮合。

8. 变速杆传感器控制单元 J587

变速杆传感器控制单元 J587 通过 CAN 总线将档位信号传给变速器控制单元和组合仪表。变速杆传感器控制单元 J587 如图 2-31 所示。

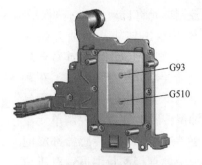

图 2-29　变速器油温传感器 G93 和
变速器控制单元温度传感器 G510

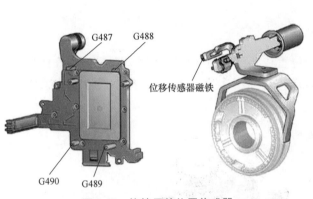

图 2-30　换档元件位置传感器

图 2-31　变速杆传感器控制单元 J587

2.5　双离合变速器（DSG）检修

2.5.1　温度传感器检修

有时装备湿式 DSG 车型的警告灯会亮起，出现不能挂档的故障，这是 DSG 的温度传感器信号发生错误，导致变速器被强制保护在空档，这多是因传感器质量不良所致。在大众车型中离合器温度传感器的编号为 G509，它贴近离合器转壳安装，如图 2-32 所示。

双离合器工况是 DSG 技术的核心，其最常见故障是工作温度过高，造成温升的原因主要有两点：一是换档过程中的能量切换的损耗，另一个是摩擦片不正常的打滑造成机械能过度损耗变热。图 2-33 所示为换档过程中的能量切换损耗，这属于 DSG 的正常损耗，只会造成较低的温升范围。

对摩擦片打滑造成的机械能损耗，应加大冷却油供应量进行充分冷却来处理。当温升过高超出规定范围时，表示离合器已严重打滑，

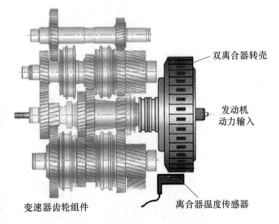

图 2-32　双离合变速器温度传感器

电液控制单元将自动进入过热保护程序。过热保护功能是指当油温超过 138℃ 时，将自动减小

发动机的输出转矩；当油温超过 145℃ 时，则会自动停止向离合器供油，离合器处于分离状态，车辆位于空档不会行驶。油温的检测是通过油温传感器和电液控制单元温度传感器进行的，两传感器都浸泡在油液中可直接测量温度。对压力油液的冷却是通过发动机冷却液，将 DSG 油液保持在一定温度下，如控制"大众"湿式 DSG 的温度，正常应保持在 135℃ 以下，能保证 DSG 的正常运行。

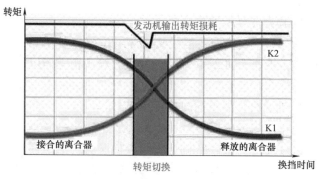

图 2-33　换档过程中的能量切换损耗

2.5.2　离合器位置传感器故障

如图 2-34 所示，在电控单元内有离合器位置传感器，用于精确监测离合器分离推杆的位置信号。这里是按传统用"分离推杆"的说法，实际用途为"接合"。离合器位置传感器的结构如图 2-35 所示。

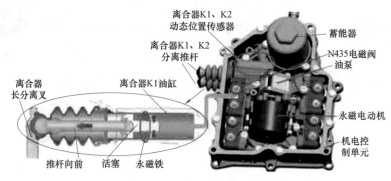

图 2-34　双离合器的分离叉

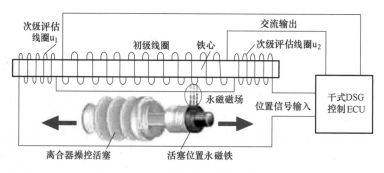

图 2-35　离合器位置传感器的结构

离合器操控活塞随着工作油压的变化而左右移动，操控活塞后部的永磁铁随之移动，会使铁心上磁场发生变化，在次级评估线圈产生一个评估电压。左侧和右侧评估线圈产生的电

压高低值取决于永磁铁所处的位置，即从次级评估线圈的电压值可精确检测离合器操控活塞的位置，间接检测测量离合器 K1、K2 的工作。当离合器 K1 或 K2 出现滑动现象，即变速器输入轴和输出轴有转速差时，可通过控制电磁阀的输出油压，来自动调节离合器分离推杆对分离叉的推力，以此补偿平衡变速器输入转速和输出转速的差值。如果此两个离合器位置传感器之一发生故障，则离合器 K1 或 K2 不能接合，使变速器相应的奇数档或偶数档不再啮合，直接影响车辆的行驶。

2.5.3　故障案例——DSG 换档冲击故障

视频5
双离合变速器的故障

DSG 基于 MT，采用齿轮啮合传动，具有比 AT 高的传动效率。同时，通过预选档位可缩短换档时间，进一步提高燃油经济性。DSG 还可以提供及时、舒适和平滑的换档过程。但是，DSG 复杂的结构和换档策略、控制逻辑使得 DSG 故障难以诊断和维修，任何一个系统出现故障，都会导致 DSG 工作不良。

1. 故障现象

一辆上海大众昊锐 DSG 轿车到维修厂报修，车主反映：该车在挂倒档和 D1 档时有冲击现象，行驶一会儿后，DSG 锁档，同时档位指示灯闪亮。接车后，对该车进行路试，发现该车在挂空-倒档时有冲击现象，在挂 N-D 时无 1 档同时档位指示灯闪亮，直接上升至 2 档。倒档和 D2 档都是行驶一会儿后，DSG 锁档，动力中断，汽车停驶，但发动机还正常运转。

2. 故障诊断

该车为上海大众 2010 款国产昊锐 1.4TSI，搭载废气涡轮增压燃油直喷发动机，该车发动机型号为 CFBA，配 0AM 型干式 7 速双离合自动变速器，累计行驶里程为 38724km。

根据故障现象判断，该车换档冲击的故障可能原因有：离合器故障、油压过高、发动机怠速过高、调压电磁阀或其电路不良、蓄能器故障、单向阀故障、变速器 ECU 故障。

将大众汽车专用故障诊断工具 V. A. S5051B 连接到该车的自诊断座上，接通点火开关，读取发动机故障码，无故障，排除了发动机怠速过高的故障。读取变速器故障码，如图 2-36 所示。

读取并分析数据流，进行试车，该车发动机运转正常却无法行驶（来店时车还可以行驶，现在不能行驶）。让发动机运转几分钟后，再次进行试车，结果有倒档和 D2 档，无 D1 档。起步时有冲击，同时档位闪

> 车辆识别码(VIN)：
> LSVCE23T1A2826374
> **004.01-检查事件存储器**
> 4是否检测到故障码：
> 05981　　　　P175D　　　　001
> 离合器1意外打开
> 间歇式

图 2-36　故障码

亮，但没有锁档；倒档时有轻微冲击，也不锁档。调出此时的数据流，见表 2-1。通过分析数据不难发现，有几组数据与标准数据不同，因此推断可能是由于电子液压控制系统故障引起油压不足（表 2-1 中黑体字区）。

表 2-1　数据流 1

参数	数据值
30_1 V401 供压 S1	60.00bar
30_2 V401 供压 S2	44.00bar
30_3 V401 供压 实际压力	40.72bar
70_1 分变速器 1 实际压力	26.66bar
70_2 分变速器 1 **实际压力**	26.72bar

（续）

参数		数据值	
70_1 分变速器 1 阀额定电流		0.756A	
70_2 分变速器 1 **阀实际电流**		0.756A	
75_1 分变速器 2 实际压力		16.00bar	
75_2 分变速器 2 实际压力		16.05bar	
76_1 分变速器 2 阀 额定电流		0.564A	
76_2 分变速器 2 阀 实际电流		0.564A	
91_1 G617 离合器行程传感器 1	额定位置	14.8mm	
91_2 G617 离合器行程传感器 1	当前位置	14.8mm	
92_1 N435 离合器 1 中的阀 3	目标连接	0.522A	
92_2 N435 离合器 1 中的阀 3	当前连接	0.516A	
111_1 G618 离合器 2 离合器行程传感器 2		额定位置	15.8mm
111_2 G618 离合器 2 离合器行程传感器 2		当前位置	15.4mm
112_1 N439 离合器 2 分变速器 2 中的阀 3		额定电流	0.492A
112_2 N439 离合器 2 分变速器 2 中的阀 3		当前电流	0.468A
130_1 档位调节器 1/3 位移传感器 1 GB487		额定位置	−0.3mm
130_2 档位调节器 1/3 位移传感器 1 GB487		当前位置	−0.3mm
1301_1 N433 分变速器 1 档位调节器 1/3 中的阀 1		额定电流	0.534A
1301_2 N433 分变速器 1 档位调节器 1/3 中的阀 1		当前电流	0.534A
135_2 档位调节器 1/3 位移传感器 1 G487		8.8mm	嵌入位置 G1
135_3 档位调节器 1/3 位移传感器 1 G487		2.5mm	同步位置 G1
135_4 档位调节器 1/3 位移传感器 1 G487		−0.3mm	空档位置
136_1 档位调节器 1/3 位移传感器 1 G487		−3.2mm	同步位置 G3
136_2 档位调节器 1/3 位移传感器 1 G487		−8.9mm	嵌入位置 G3
140_1 档位调节器 2/4 位移传感器 2 G488		12.8mm	额定位置
140_2 档位调节器 2/4 位移传感器 2 G488		9.2mm	当前位置
141_1 N437 分变速器 2 档位调节器 2/4 中的阀 1		0.708A	额定电流
141_2 N437 分变速器 2 档位调节器 2/4 中的阀 1		0.708A	实际电流
140_1 档位调节器 2/4 位移传感器 2 G488		12.8mm	额定位置
140_2 档位调节器 2/4 位移传感器 2 G488		9.2mm	当前位置
145_2 G488 档位调节器 2/4 的行程传感器 2		9.2mm	嵌入位置 G2
145_3 G488 档位调节器 2/4 的行程传感器 2		2.1mm	同步位置 G2
145_4 G488 档位调节器 2/4 的行程传感器 2		−0.4mm	空档位置
146_1 G488 档位调节器 2/4 的行程传感器 2		−2.8mm	G4 同步位置
146_2 G488 档位调节器 2/4 的行程传感器 2		−8.6mm	嵌入位置 G4

注：1bar＝10^5Pa。

DSG 电控系统主要由各种传感器、执行器和电控单元组成，如图 2-37 所示。

3. 故障排除

根据对该车 DSG 液压系统工作原理的分析，离合器 1 压力过低是引起变速器换档冲击的直接原因，而可能导致压力过低的故障有：油泵和液压电动机故障；分变速器 1 压力电磁阀故障；分变速器 1 离合器 1 电磁阀故障；分速器 1 离合器 1 故障；分变速器 1 离合器 1 安全阀故障。

先检查油泵和液压电动机是否损坏，从表 2-2 中的数据来看，分变速器 2 有油压，而且油

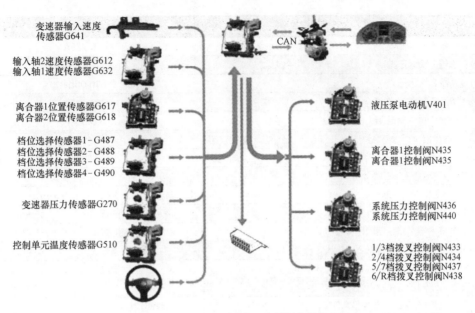

变速器输入速度传感器G641

输入轴2速度传感器G612
输入轴1速度传感器G632

离合器1位置传感器G617
离合器2位置传感器G618

档位选择传感器1-G487
档位选择传感器2-G488
档位选择传感器3-G489
档位选择传感器4-G490

变速器压力传感器G270

控制单元温度传感器G510

CAN

液压泵电动机V401

离合器1控制阀N435
离合器1控制阀N435

系统压力控制阀N436
系统压力控制阀N440

1/3档拨叉控制阀N433
2/4档拨叉控制阀N434
5/7档拨叉控制阀N437
6/R档拨叉控制阀N438

图 2-37 DSG 电控系统的组成

压正常，说明油泵和液压电动机没问题。检查分变速器 1 压力调节阀，接通点火开关，用 V. A. S5051B 键入 01-03 的执行元件诊断功能，激活该阀，结果有"咔嗒"响声。同时用软管吹气检查，阀的位置和油道的相通情况都正常。可判断该阀工作正常。按同样方法检查分变速器 1 离合器 1 电磁阀，该阀工作也正常。检查图 2-38 中分变速器 1 离合器 1 有无机械故障。用手推拉离合器，无卡滞现象，检查外观无漏油现象，外表无油污，可判断该阀工作也正常。由此可推断是变速器 1 离合器 1 安全阀损

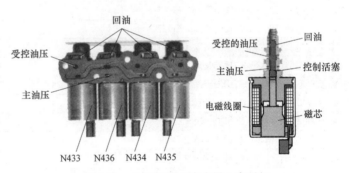

回油
受控油压
主油压

受控的油压
回油
主油压
控制活塞
电磁线圈
磁芯

N433　N436　N434　N435

图 2-38 分变速器 1 离合器 1 电磁阀

坏或卡死。由于该车的滑阀箱是整体式，无法拆卸，因此更换整个滑阀箱。装好后，先进行基本设定，起动发动机预热几分钟后，再次到前述路段试车，利用 V. A. S5051B 读取 2 档时的数据流（表 2-2）。车辆行驶正常，数据流显示正常，故障排除。

表 2-2　数据流 2

参数	数据值
30_1 V401 供压 S1	60.00bar
30_2 V401 供压 S2	44.00bar
30_3 V401 供压 实际压力	40.72bar
70_1 分变速器 1 实际压力	26.66bar
70_2 分变速器 1 实际压力	26.72bar
70_1 分变速器 1 阀 额定电流	0.756A

（续）

参数		数据值
70_2 分变速器 1 阀 实际电流		0.756A
75_1 分变速器 2 实际压力		16.00bar
75_2 分变速器 2 实际压力		16.05bar
76_1 分变速器 2 阀 额定电流		0.564A
76_2 分变速器 2 阀 实际电流		0.564A
91_1 G617 离合器 1 行程传感器 1	额定位置	14.8mm
91_2 G617 离合器 1 行程传感器 1	当前位置	14.8mm
92_1 N435 分变速器 1 中的阀 3	目标连接 1	0.522A
92_2 N435 分变速器 1 中的阀 3	当前连接 1	0.516A
111_1 G618 离合器 2 离合器行程传感器 2	额定位置	15.8mm
111_2 G618 离合器 2 离合器行程传感器 2	当前位置	15.4mm
112_1 N439 离合器 2 分变速器 2 中的阀 3	额定电流	0.492A
112_2 N439 离合器 2 分变速器 2 中的阀 3	当前电流	0.468A
130_1 档位调节器 1/3 位移传感器 1 G487	额定位置	−0.3mm
130_2 档位调节器 1/3 位移传感器 1 G487	当前位置	−0.3mm
131_1 N433 分变速器 1 档位调节器 1/3 中的阀 1	额定电流	0.534A
131_2 N433 分变速器 1 档位调节器 1/3 中的阀 1	当前电流	0.534A
135_2 档位调节器 1/3 位移传感器 1 G487	8.8mm	嵌入位置 G1
135_3 档位调节器 1/3 位移传感器 1 G487	2.5mm	同步位置 G1
135_4 档位调节器 1/3 位移传感器 1 G487	−0.3mm	空档位置
136_1 档位调节器 1/3 位移传感器 1 G487	−3.2mm	同步位置 G3
136_2 档位调节器 1/3 位移传感器 1 G487	−8.9mm	嵌入位置 G3
140_1 档位调节器 2/4 位移传感器 2 G488	12.8mm	额定位置
140_2 档位调节器 2/4 位移传感器 2 G488	9.2mm	当前位置
141_1 N437 分变速器 2 档位调节器 2/4 中的阀 1	0.708A	额定电流
141_2 N437 分变速器 2 档位调节器 2/4 中的阀 1	0.708A	实际电流
140_1 档位调节器 2/4 位移传感器 2 G488	12.8mm	额定位置
140_2 档位调节器 2/4 位移传感器 2 G488	9.2mm	当前位置
145_2 G488 档位调节器 2/4 的行程传感器 2	9.2mm	嵌入位置 G2
145_3 G488 档位调节器 2/4 的行程传感器 2	2.1mm	同步位置 G2
145_4 G488 档位调节器 2/4 的行程传感器 2	−0.4mm	空档位置
146_1 G488 档位调节器 2/4 的行程传感器 2	−2.8mm	G4 同步位置
146_2 G488 档位调节器 2/4 的行程传感器 2	−8.6mm	嵌入位置 G4

注：$1bar = 10^5 Pa$。

4. 故障总结

产生故障的安全阀位于分变速器 1 压力调节阀 1 与分变速器 1 离合器 1 之间，当分变速器 1 离合器 1 电磁阀在接到指令时，分变速器 1 离合器 1 内的油压会通过安全阀流向分变速器 1 压力调节阀 1。当此阀检测到管路油压异常时，电子控制单元发出指令给电磁阀切断通往分变速器 1 的控制油压。因此，分变速器就不会正常工作。在 2 档时冲击是因为分变速器 1 的油压被切断后，系统上所有的油压都加在分变速器 2 上，导致分变速器 2 内控制油压升高，以致电磁阀运动速度加快，从而引起冲击现象。在做设定后，所有的档位都没有的原因是做设定时电磁阀的回流通道打开，系统内的油压都流回到储液缸内。起动发动机后，变速器内的油压建立需要一定时间，因而做完设定后，需运转发动机几分钟，让油压建立起来后，变速器才能正常工作。

2.6 小知识——双离合变速器发展历史

DSG 的起源就如其他汽车高科技一样，其设计都来自赛车运动。双重离合器的概念虽然非常先进，但作为新科技都存在着耐用性不佳的问题，耐用性的好坏同样决定了其成本的多寡，在经过十余年的发展后，DSG 才真正被普通轿车所用。

S-tronic 是奥迪双离合变速器的名称。有人说 S-tronic 就是换了名字的大众 DSG，这句话只说对一半，因为用于奥迪 A3 的 7 速以及 TT 上的 6 速横置双离合变速器就是大众的干式 DQ200 和湿式 DQ250，但是，用在 Q5 上的 7 速双离合变速器却是一款纵置式全时四驱双离合变速器，大众的 DSG 产品线是没有这款产品的。

Powershift 双离合器变速器是由福特集团与变速器大厂格特拉克（Getrag）共同研发的。目前在国内装备有 Powershift 的汽车有沃尔沃 C30、XC60、S60 以及福特蒙迪欧致胜的部分车型。

PDK（Porsche Doppel Kupplung，保时捷双离合变速器）为保时捷公司的独创技术，近年来因为大众汽车的大力推行，而在市场上获得了极高的知名度。

任务三 无级变速器的检修

引言

无级变速器（Continuously Variable Transmission，CVT）速比的变化是连续的，因此动力传输持续而顺畅。与有级变速器相比，它的优点明显：

1）提高燃油经济性和排放性能。无级变速器能在较宽的范围内实现无级变速，可以获得传动系统与发动机工况的最佳匹配状态，提高整车的燃油经济性，降低排放。

2）提高动力性能。无级变速器能够获得较大的传动比，其动力性能明显优于机械变速器和自动变速器。

3）改善驾驶舒适性能。因速比连续变化，可使换档平滑，实现了手动变速器的快速反应和自动变速器舒适的双优点。

知识目标

1. 了解无级变速器的结构与工作原理。
2. 掌握无级变速器电控系统的控制原理。

能力目标

1. 能够制订无级变速器（CVT）电控系统的故障检修计划。
2. 能够按照故障检修计划对无级变速器（CVT）电控系统进行检修。
3. 能够解决学习和实践中的实际问题。

3.1　无级变速器的结构

金属带式 CVT 的结构示意图如图 3-1 所示。其主要包括主动轮组、从动轮组、金属带和油泵等基本部件。金属带由两束金属环和几百个金属片构成。主动轮组和从动轮组都由可动盘和固定盘组成，与油缸靠近的一侧带轮可以在轴上滑动，另一侧则固定。可动盘与固定盘都是锥面结构，它们的锥面形成 V 形槽与 V 形金属传动带啮合。

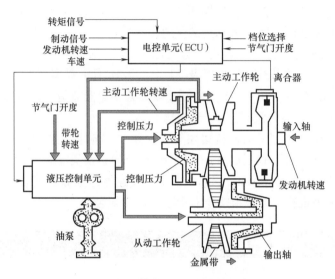

图 3-1　金属带式 CVT 的结构示意图

发动机输出轴输出的动力首先传递到 CVT 的主动轮，然后通过 V 带传递到从动轮，最后经减速器、差速器传递给车轮来驱动汽车。工作时通过主动轮与从动轮的可动盘做轴向移动来改变主动轮、从动轮锥面与 V 带啮合的工作半径，从而改变传动比。可动盘的轴向移动量是由驾驶人根据需要通过控制系统自动调节主动轮、从动轮油泵的油缸压力来实现的。由于主动轮和从动轮的工作半径可以实现连续调节，从而实现了无级自动变速。01J 无级变速器的结构简图如图 3-2 所示。

视频6
无级变速器
的结构

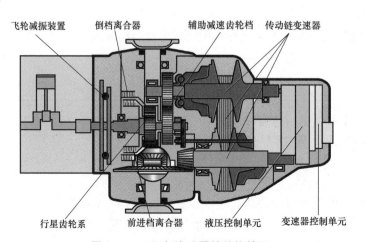

图 3-2　01J 无级变速器的结构简图

3.2 无级变速器换档工作原理

汽车开始起步时，主动轮的工作半径较小，变速器可以获得较大的传动比，从而保证驱动桥能够有足够的转矩使汽车获得较大的加速度。随着车速的升高，主动轮的工作半径逐渐减小，从动轮的工作半径相应增大，CVT 的传动比下降，汽车能够以更高的速度行驶。主动轮和从动轮示意图如图 3-3 所示。

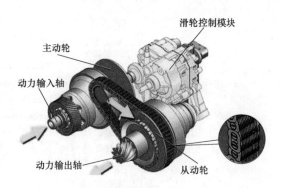

图 3-3 主动轮和从动轮示意图

前进时，前进档离合器接合，倒档离合器松开。动力从输入轴传到行星架，再传到与其相连的右支架，经前进档离合器传至太阳轮，通过太阳轮带动主动带轮，再由 V 形金属传动带将动力传递到从动工作带轮，带轮的可动部分和固定部分形成的 V 形槽与 V 形金属带啮合。在工作中，当主、从动工作带轮的可动部分在油缸内的液压力作用下做轴向移动时，连续改变了金属传动带的工作半径，从而改变了传动比。最后动力经中间减速器、主减速器与差速器传递到车轮。图 3-4 所示为前进时动力传递示意图。

倒档时，前进档离合器松开，倒档制动器接合。行星齿轮机构的内齿圈被固定，内行星齿轮与太阳轮啮合，外行星齿轮与内齿圈啮合，经双行星齿轮机构后传递到太阳轮的转矩方向发生改变，后面的动力传递路线与前进时相同。图 3-5 所示为倒档时动力传递示意图。

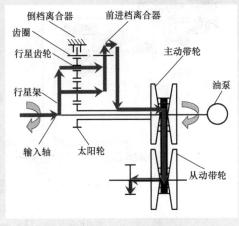

图 3-4 前进时动力传递示意图

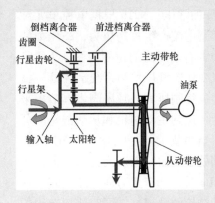

图 3-5 倒档时动力传递示意图

3.3 无级变速器电液系统的工作原理

CVT 早期的控制系统多采用机液控制方式，但机液控制系统结构复杂，对传动系统多种性能的匹配要求缺乏灵活性。随着技术的进步和对汽车性能要求的不断提高，当前无级变速传动系统的控制均采用电液控制方式。电液控制方式可以使动力传递系统实现理想的工作状态，达到动力性、经济性和排放之间的最佳平衡。图 3-6 所示为无级变速器电液控制系统图。

系统的油泵直接由发动机驱动，为整个系统提供液压油。系统的主压力由压力控制阀

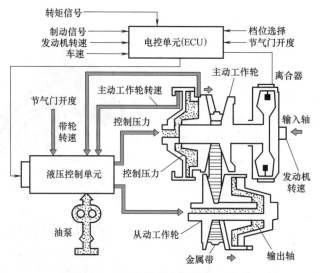

图 3-6 无级变速器电液控制系统图

（比例溢流阀）调节，它直接作用在从动轮油缸内。在速比一定的条件下，主压力的大小决定了系统传递转矩的能力。变速器的速比由速比控制阀（位置伺服阀）调节。调节主动轮油缸内的压力是通过金属带的约束与从动轮油缸内的压力达到新的平衡状态，从而改变主动轮的轴向位置来实现的。

1. 压力控制

液压控制单元中的输导控制阀向换档压力调节电磁阀 N216 提供一个约 0.5MPa 的常压。N216 根据电控单元计算的控制电流产生控制压力，该压力的大小会影响减压阀的位置。图 3-7 所示为无级变速器液压控制系统示意图。

根据控制压力，减压阀将调节出来的压力传递到主动链轮和从动链轮的分离缸。当调节压力在 0.18~0.2MPa 时，减压阀处于关闭状态。当控制压力低于 0.18MPa 时，调节压力通过减压阀传递到主动链轮的分离缸，同时从动链轮的分离缸与油底壳接通，速比变换器朝增速的方向进行变速。当调节压力高于 0.22MPa 时，调节压力通过减压阀传递

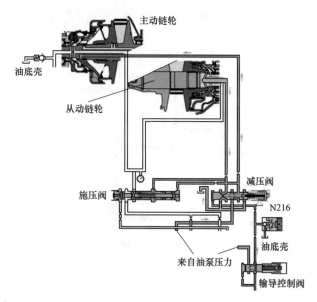

图 3-7 无级变速器液压控制系统示意图

到从动链轮的分离缸，同时主动链轮的分离缸与油底壳相通，速比变换器朝减速的方向变速。

压力缸中合适的油压最终产生锥面链轮与链条之间的接触压力，若接触压力过高，会降低传动效率；相反，若接触压力过低，传动链会打滑，这将损坏传动链和链轮。转矩传感器集成于主动链轮内，监控传递到压力缸的实际转矩，并建立压力缸的正确油压。转矩传感器主要部件为 2 个滑轨架，滑轨中装有 7 个滚子，如图 3-8 所示。滑轨架 1 装在辅助减

速输出齿轮上, 滑轨架 2 与主动链轮连接, 并可以轴向移动且由转矩传感器活塞支撑。

转矩传感器产生的轴向力作为控制力与发动机转矩成正比, 压力缸中建立起来的压力与控制力成正比。转矩传感器支架彼此间可径向旋转, 将转矩转化为轴向力 (因滚子和滑轨的几何关系), 此轴向力施加于滑轨架 2, 并移动转矩传感器控制凸缘关闭或打开转矩传感器腔输出端, 如图 3-9 所示。

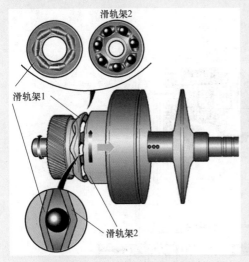

图 3-8　转矩传感器的结构

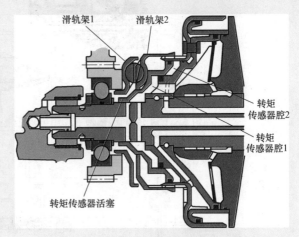

图 3-9　转矩传感器

输入转矩低时, 在汽车稳定运行的情况下, 出油孔只部分关闭, 打开排油孔 (转矩传感器) 后压力下降, 如图 3-10 所示。转矩达到峰值时, 控制凸缘完全关闭出油孔。若转矩传感器进一步移动, 将会起到油泵的作用, 此时被排出的油使压力缸内的压力迅速上升, 这样就会毫无延迟地调整接触压力, 如图 3-11 所示。

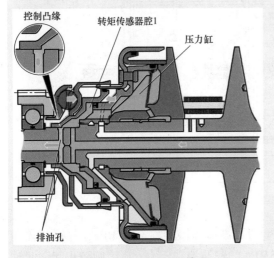

图 3-10　转矩低时工作情况

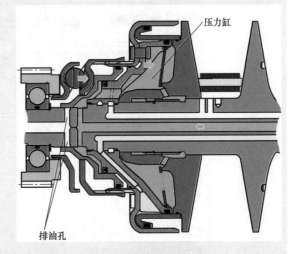

图 3-11　转矩高时工作情况

2. 液压控制系统

液压控制系统担负着系统油压的控制、油路的转换控制、用油元件的供油以及冷却控制等。

（1）供油装置　01JCVT 的供油装置采用的是带月牙形密封的内啮合齿轮泵，直接装在液压控制单元上，形成一个整体，减少了压力损失。

（2）液压控制单元　液压控制单元由手动换档阀、9 个液压阀和 3 个电磁控制阀组成。液压控制单元和电控单元直接插接在一起。液压控制单元如图 3-12 所示。

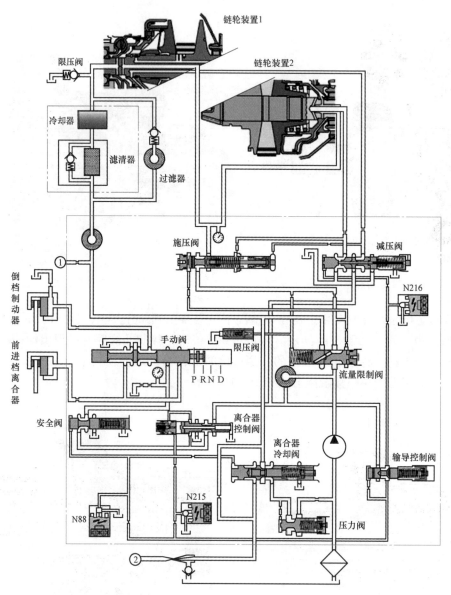

图 3-12　液压控制单元

为防止系统工作压力过高，限压阀将油泵产生的最高压力限制在 0.82MPa，并通过输导控制阀向 3 个压力调节电磁阀提供一个恒定的 0.5MPa 的输导控制压力。压力阀防止起动时油泵吸入空气，当油泵输出功率高时，压力阀打开，允许 ATF 从回油管流到油泵吸入侧，提高油泵效率。施压阀控制系统压力，在各种工况下都始终能够提供足够的油压。电磁阀 N88、N215 和 N216 在设计上称为压力控制阀，它们控制电流转变为相应的液压控制压力。

3. 电控系统

奥迪01JCVT的电控系统由电控单元、输入装置（传感器、开关）和输出装置（电磁阀）3部分组成。其特点是电控单元集成在速比变换器内，控制单元直接用螺栓紧固在液压控制单元上。3个压力调节阀与控制单元间直接通过坚固的插头连接（S形插头），没有连接线。控制单元用一个25针脚的小型插头与汽车相连。电控系统更具特点的是集成在控制单元内的传感器技术：电器部件的底座为一个坚硬的铝板，壳体材料为塑料，并用铆钉紧固到底座上。壳体容纳全部的传感器，因此不再需要线束和插头，这种结构大大提高了工作效率和可靠性。另外，发动机转速传感器和多功能开关均为霍尔传感器，霍尔传感器没有机械磨损，信号不受电磁干扰，这使其可靠性进一步提高。传感器为控制单元内的集成部件，若某个传感器损坏，必须更换电控单元。图3-13所示为电控系统的组成。

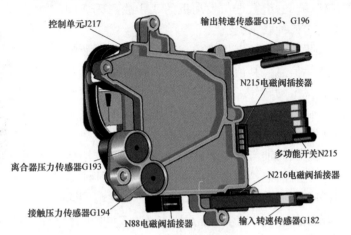

控制单元J217
输出转速传感器G195、G196
N215电磁阀插接器
多功能开关N215
N216电磁阀插接器
离合器压力传感器G193
接触压力传感器G194
N88电磁阀插接器
输入转速传感器G182

图3-13 电控系统的组成

3.4 无级变速器检修

故障现象：一辆一汽-大众奥迪A6L轿车，搭载01J型无级变速器，行驶里程为8万km。车主反映该车减速慢行时行驶不够平顺，且发动机故障灯亮。

检查分析：维修人员试车发现该车减速时只是略感不平顺。检测变速器控制单元，无故障码。检测发动机控制单元，发现故障码P012200—节气门位置传感器G69输出电压过低、P02200—加速踏板位置传感器G188输出电压过低和P011300—进气温度传感器G42输出值过高。这些故障码均可清除，但在车辆行驶中还会有规律地重现，因此故障不是偶发故障。

在出现闯车的时段内观察发动机燃油量完全正常，说明混合气的燃烧状态良好，闯车并非由于发动机工作不平顺造成。综合3个故障码的提示信息，它们从不同角度反映了同一个问题，这就是发动机的实际输出转矩与控制信号不符。由于3个传感器同指一处，所以其可信度是较高的。也就是说，不必怀疑传感器是否失效，而应把注意力放在转矩值本身是否正确上。

对搭载无级变速器的车辆而言，主动链轮的输入转矩是通过变速器中的转矩传感器来测量的。变速器在其输入轴上设置了一个转矩变换器，如图3-14所示，其作用是将输入轴转矩转换为轴向力。

当输入轴转矩增加时，轴向力随之增加并推动压力缸的控制凸缘向减小排油的方向移动，如图3-14所示。在变速器工作油压一定的前提下，随着排油流量的减小，压力缸中的油压升高，反之则减小。压力缸中的油压与输入轴承受的转矩成正比。由于转矩变换器的滑轨做成了双斜面的，所以无论发动机是在驱动还是在制动时，都能实现转矩的变换。只要测出压力缸的油压，输入轴转矩便可计算出来。实际上，变速器控制单元是通过压力传感器G194来测量压力缸的油压的，然后将其转换成转矩数据。

读取故障出现时变速器控制单元记录的转矩数据。发动机转速为1070r/min，主动链轮输入转矩为23N·m，说明当时车辆正处于发动机制动阶段。既然该车存在故障，那么这组数据很有可能是错的。这组数据与发动机的3个故障码之间究竟有着何种联系呢？

如果数据中转矩是错的，那么按照3个故障码的提示信息，其值应该是高于根据3个传感器信号计算出的转矩。这样问题的焦点便集中在发动机控制单元计算的转矩与变速器控制单元测量的转矩不符上。

发动机曲轴与转矩传感器之间隔着前进档离合器。查看前进档离合器的冻结帧，发现其油压为180kPa。离合器电磁阀工作电流的变化范围为

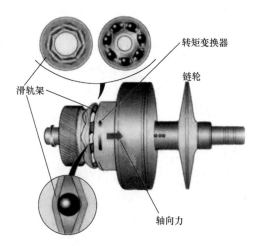

图3-14　转矩变换器

142~616mA，与120~800mA的正常变化范围有差别。根据电磁阀的工作特性曲线可以看出，异常特性曲线的斜率偏高。这意味着该车在同样的电磁阀工作电流下，离合器油压会偏高。

如果前进档离合器油压与变速器控制指令相比偏高，那么在发动机制动过程中制动力便会偏大。也就是说，制动力与驾驶人的要求不符，这也是导致减速不平顺的原因。发动机控制单元误认为故障是由转矩控制部分的传感器信号错误造成的。查看前进档离合器的控制油路（图3-15），离合器油压是由电磁阀和离合器调压阀共同控制的。按照故障率的高低，决定先更换电磁阀。

故障排除：更换前进档离合器控制电磁阀，试车，确认故障排除。

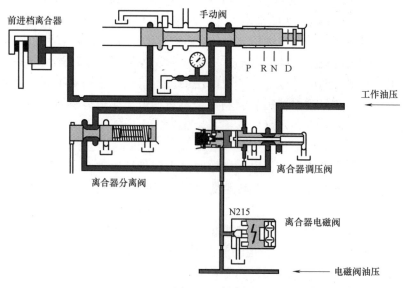

图3-15　前进档离合器的控制油路

3.5　小知识——无级变速器的"打滑"

"打滑"是 CVT 无法回避的现象，这种现象归咎于其结构设计。其他形式的变速器在动力传递上是以离合器和齿轮连接，虽然离合器之间是以摩擦力接合，但接合牢固，可以将其视为刚性连接，就算是液力变矩器会有相对转速差，但其间仍有离合器可以相连，况且就算是因转速差而引起的"滑动"，这种"滑动"也可以产生"增矩"的作用，而非失速。CVT 中，变速机构锥轮和链带的链接的接触面积比较小，又是时刻变化的，与刚性连接相差甚远。虽然可以通过锥轮压紧来提升张力，增加摩擦力，但这仍然无法"治本"。

视频7
无级变速器车辆的工作特点

这一现状可以通过一系列技术来改善，例如博世的新式链带以"推动"的方式替代了传统链带"拉动"的动力传递效果，日产的两级变速结构使锥轮和钢带能在较为稳定和高效的范围工作。

创新与突破　我国 CVT 自动变速器技术成就之奇瑞万里扬 CVT

自动变速器作为汽车的核心部件之一，技术长期被国外巨头公司掌握。奇瑞作为自主品牌的"技术一哥"，在变速器上有一定造诣，最出名的就是其控股的万里扬公司生产的 CVT25 变速器。25 指这款变速器最大能承受转矩为 250N·m，相比上一代的 CVT19 整体机械传动效率提升 5%，在速比范围扩大了 30%，可使整车油耗下降 7%。除此之外，万里扬 CVT25 变速器加入了较多的全新技术，如对所用的钢带进行了优化，采用更加灵敏的电磁阀，使得万里扬 CVT25 变速器的整体质量进一步提升，使其更加安全可靠。奇瑞万里扬打破了国外公司对 CVT 变速器的垄断，是中国企业的骄傲。

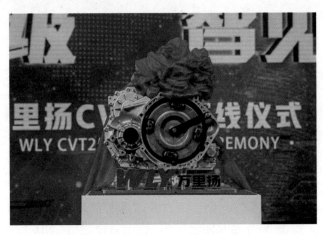

奇瑞万里扬 CVT25 变速器

复　习　题

一、选择题

1. AT 中的（　　）可以根据车速和节气门开度自动换档。

A. 锁止离合器　　B. 液压控制系统　　C. 行星齿轮组　　D. 电控单元

2. 双离合变速器比传统手动变速器有（　　）。

A. 更简单的结构　　　　　　　　B. 更快的换档速度

C. 更高的油耗　　　　　　　　　D. 更低的制造成本

3. CVT 中的（　　）负责将输入轴转矩转换为轴向力。

A. 转矩变换装置　　B. 油泵　　　　　C. 控制阀　　　　D. 链条

4. 在 AT 中，（　　）用于检测变速器油的温度。

A. 油温传感器　　　　　　　　　B. 节气门位置传感器

C. 车速传感器　　　　　　　　　D. 转速传感器

5. 双离合器变速器的换档平顺性比传统手动变速器（　　）。

A. 更差　　　　　　B. 相同　　　　　C. 更好　　　　　D. 无法比较

6. CVT 可以实现（　　）速比。

A. 有限种　　　　　B. 无数种　　　　C. 1 种　　　　　D. 根据车型而定

7. 在 AT 中，锁止离合器的作用是（　　）。

A. 提高换档速度　　　　　　　　B. 减少动力损失

C. 增加变速器噪声　　　　　　　D. 降低变速器温度

8. 双离合变速器中的两个离合器分别负责（　　）。

A. 前进和后退　　　　　　　　　B. 加速和减速

C. 奇数和偶数档位　　　　　　　D. 高速档和低速档

9. CVT 通过（　　）实现无级变速。

A. 改变链条长度　　　　　　　　B. 改变齿轮大小

C. 改变传动比　　　　　　　　　D. 改变输入功率

10. AT 中的行星齿轮组主要用于（　　）。

A. 减速增矩　　　　　　　　　　B. 加速减矩

C. 改变传动方向　　　　　　　　D. 提供多种传动比

11. 电控液力自动变速器的所有换档是由（　　）完成的。

A. 驾驶人　　　　　　　　　　　B. 电子控制系统

C. 变速器本身　　　　　　　　　D. 发动机管理系统

12. 驾驶人通过（　　）表达对车速变化的意图。

A. 制动踏板　　　　　B. 加速踏板　　　C. 变速杆　　　　D. 转向盘

13. 液力变矩器的主要作用是（　　）。

A. 改变发动机转矩　　　　　　　B. 实现无级变速

C. 传递发动机转矩　　　　　　　D. 提高传动效率

14. 在双离合自动变速器（DCT）中，（　　）负责控制奇数档（1 档、3 档、5 档和倒档）。

A. 离合器 K1　　　　B. 离合器 K2　　　C. 两个离合器　　D. 没有明确说明

15. 双离合变速器中的液压控制系统主要负责（　　）。

A. 离合器的接合与分离　　　　　B. 变速器的润滑

C. 变速器的冷却　　　　　　　　D. 发动机的起动

16. 在双离合变速器的液压控制系统中，（　　）负责提供液压油。

A. 机油泵　　　　　　B. 蓄能器　　　　C. 电磁阀　　　　D. 压力传感器

17. 液压控制单元的设计中，（　　）电磁阀被称为压力控制阀。

A. N88 和 N215　　　B. N88 和 N216　　C. N215 和 N216　　D. N88、N215 和 N216

18. 在液压控制系统中，防止系统工作压力过高的部件是（　　）。

A. 压力阀　　　　　　B. 限压阀　　　　　　C. 电磁控制阀

19. 当液压控制系统中的输导控制阀工作时，它向（　　）提供一个恒定的输导控制压力。

A. 压力阀　　　　　　　　　　　B. 限压阀

C. 压力控制电磁阀　　　　　　　D. 油泵

20. 奥迪 01JCVT 的供油装置和液压控制单元（　　）。

A. 分别安装在变速器两侧　　　　B. 安装在发动机上

C. 直接装在一起形成一个整体　　D. 安装在底盘上

二、填空题

1. CVT 通过_____实现无级变速。

2. 双离合器变速器的换档平顺性比传统手动变速器_____。

3. AT 中的锁止离合器用于_____。

4. CVT 的转矩变换装置负责将_____转换为轴向力。

5. 双离合变速器由_____和_____两部分组成。

6. AT 中的_____传感器用于检测变速器油的温度。

7. CVT 中，_____和_____是两个关键的控制部分。

8. 双离合变速器能实现更快的换档速度，主要得益于其_____的设计。

9. AT 中的行星齿轮组可以提供_____。

10. CVT 通过_____和_____来连续调节传动比。

11. 电控液力自动变速器的电控结构主要由传感器、_____和执行器组成。

12. 传感器负责检测发动机和变速器的工作参数，并将这些参数转换成电信号传递给_____。

13. 控制单元根据接收到的传感器信号和驾驶人的意图，通过_____控制变速器的换档操作。

14. 双离合器变速器的特点是可以在_____负载下完成换档。

15. 双离合自动变速器（DSG）中，_____控制奇数档，_____控制偶数档。

16. 双离合器变速器通过逐渐退出一个档位并逐渐接入另一个档位，以减少_____。

17. 在双离合自动变速器中，_____和_____共同构成了多片湿式双离合器。

18. 在 CVT 液压控制系统中，_____用于保证系统在各种工作条件下都能获得足够的油压。

19. 发动机高功率输出时，液压控制单元中的_____允许 ATF 从回油管流回油泵吸入侧，以提高油泵的效率。

20. 奥迪 01JCVT 的液压控制系统中，通过_____迅速调整接触压力，确保无延迟地响应。

三、判断题

1. CVT 变速器不能实现无级变速。　　　　　　　　　　　　　　　　　（　　）

2. 双离合变速器只有一个离合器。　　　　　　　　　　　　　　　　　（　　）

3. AT 的换档完全由驾驶人手动操作。　　　　　　　　　　　　　　　（　　）

4. CVT 的传动比是连续可变的。　　　　　　　　　　　　　　　　　（　　）

5. 双离合变速器换档平顺性较差。　　　　　　　　　　　　　　　　（　　）

6. AT 中的锁止离合器可以提高传动效率。　　　　　　　　　　　　（　　）

7. CVT 中没有固定的齿轮传动比。　　　　　　　　　　　　　　　　（　　）

8. 双离合变速器在换档时会有动力中断。　　　　　　　　　　　　　（　　）

9. AT 的行星齿轮组只能提供一种传动比。　　　　　　　　　　　　（　　）

10. CVT 通过改变链条或钢带的位置来调节传动比。　　　　　　　　（　　）

11. 液力变矩器的工作原理是通过改变液压油的压力来实现变速和变矩。（　　）

12. 锁止离合器接合的条件之一是车速必须低于 37km/h。　　　　　　（　　）

13. 双离合变速器的换档平顺性比传统的手动变速器和自动变速器更好。（　　）

14. 双离合变速器的使用寿命比传统的手动变速器和自动变速器更短。（　　）

15. 双离合变速器在高速行驶时能够提供更好的加速性能。　　　　　（　　）

16. CVT 的压力缸中的压力与控制力成正比。　　　　　　　　　　　（　　）

17. CVT 的转矩传感器在工作时，其出油孔和排油孔始终保持开启状态。（　　）

18. CVT 的滑轨架与辅助减速输出齿轮相连，并可以轴向移动。　　（　　）

四、简答题

1. 简述 AT 中锁止离合器的作用及其工作原理。

2. 双离合器变速器相比传统手动变速器有哪些优势（列举至少3点）?

3. 简述 CVT 实现无级变速的工作原理。

项目二

汽车电控行驶系统的构造原理与检修

任务四　电控悬架系统的检修

引言

电控悬架系统主要有半主动悬架和主动悬架两种。半主动悬架的悬架元件中的弹簧刚度和减振器阻尼力之一可以根据需要进行调节。主动悬架能根据需要自动调节弹簧刚度和减振器的阻尼力，从而同时满足汽车行驶平顺性和操纵稳定性等各方面的要求。主动悬架按照弹簧的类型，可以分为空气弹簧主动悬架和油气弹簧主动悬架。

知识目标

1. 了解电控悬架的结构与工作原理。
2. 掌握电控悬架电控系统的控制原理。

能力目标

1. 能够制订电控悬架电控系统的故障检修计划。
2. 能够按照故障检修计划对电控悬架电控系统进行检修。
3. 能够解决学习和实践中的实际问题。

4.1　气体弹簧的结构和工作原理

气体弹簧分为空气弹簧和油气弹簧两种。

空气弹簧是利用密闭容器中空气的可压缩性制成的弹簧。它的变形与载荷关系特性线为曲线，可根据需要进行设计。空气弹簧能在任何载荷作用下保持自振频率不变，能同时承受径向和轴向载荷，也能传递一定的转矩，通过调整内部压力可获得不同的承载能力。空气弹簧的结构如图 4-1 所示。

油气弹簧是利用气体的压缩来储存能量的弹性元件。它是在膜式空气弹簧的基础上发展出来的。它采用金属容器作为气室，以惰性的氮气作为弹性元件，并在活塞和气体之间有油液作为中间介质。油气弹簧的球形室固定在工作缸上，室的内腔用橡胶油气隔膜隔开，充入高压氮气的一侧为气室，与工作缸相通并充满油液的一侧为油室。油气弹簧的结构如图 4-2 所示。

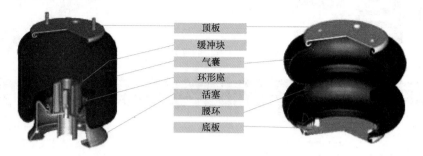

图 4-1　空气弹簧的结构

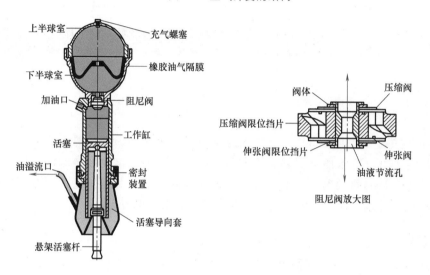

图 4-2　油气弹簧的结构

4.2　电磁减振器的结构和工作原理

　　电磁减振器中目前使用最为广泛、最成熟的是磁流变减振器，这种减振器中的液压油是一种"磁流变液体"，含有很多亚铁化合物颗粒，每个减振器活塞结构中有 2 个螺线线圈，通电之后可以产生磁场。当线圈中无电流通过时，活塞通道中的磁流变液体未被磁化，不规则排列的亚铁化合物颗粒呈均匀分布状态，产生的阻尼力与普通减振油相同，对外表现为减振相对较软。电磁减振器的工作原理如图 4-3 所示。

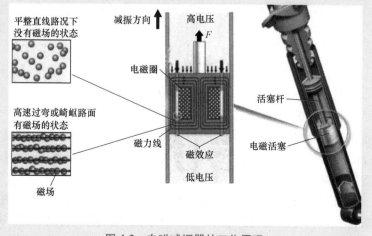

图 4-3　电磁减振器的工作原理

一旦电控单元发出脉冲信号，线圈内有电流通过，进而形成一个磁场，这些粒子马上会按垂直于活塞运动的方向排列（油液的表现为黏度增大），阻碍油在活塞微型通道内流动，提高阻尼力，对外表现为减振的硬度增大。有磁场和无磁场时的减振器内部情况如图 4-4 所示。

活塞线圈中输入的电流强度越大，磁场越强，亚铁化合物颗粒被磁化的程度越好，产生的阻尼力就越大，减振越硬。由此可见，磁流变液体产生阻尼力的大小（减振硬度）随输入电流强度的大小变化而变化。

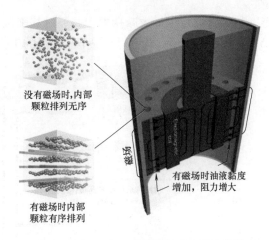

没有磁场时，内部颗粒排列无序

有磁场时内部颗粒有序排列

有磁场时油液黏度增加，阻力增大

图 4-4　有磁场和无磁场时的减振器内部情况

视频8
电磁减振器的特点

4.3　奥迪 A8 轿车自适应空气悬架工作原理

奥迪 A8 轿车自适应空气悬架的组成如图 4-5 所示。奥迪 A8 轿车空气悬架的工作原理如图 4-6 所示。

组合仪表
车身加速度传感器
空气弹簧减振支柱
显示和操作单元
车辆高度调节控制单元
车身加速度传感器
空气弹簧减振支柱
蓄能器
车辆高度传感器
空气供给装置
带压力传感器的电磁阀体
车辆高度传感器

图 4-5　奥迪 A8 轿车自适应空气悬架的组成

1. 空气弹簧

空气弹簧采用外部引导式。它被封装在一个铝制的圆筒内。为了防止灰尘进入圆筒和（空气弹簧）伸缩囊之间，用一个密封圈密封线圈活塞和气缸之间的区域。密封圈可在维修时更换，空气弹簧伸缩囊不能单独更换。出现故障时，必须更换整个弹簧/减振支柱。

2. 减振器

其减振器使用的是无级电子双管气压减振器。活塞上的主减振阀门通过弹簧机械预紧。在阀门上方安装有电磁线圈，连接导线经由活塞杆的空腔与外部连接。减振力主要取决于阀门的通流阻力。流过的油的通流阻力越大，减振力就越大。当电磁线圈上没有电流作用时，减振力达到最大。减振力最小时电磁线圈上的电流约为 1800mA。在紧急运行时不对电磁线圈通电，这样就设定了最大减振力，并通过其来保证车辆行驶时动态稳定。奥迪 A8 轿车减振器的结构如图 4-7 所示。奥迪 A8 轿车减振器的工作原理如图 4-8 所示。

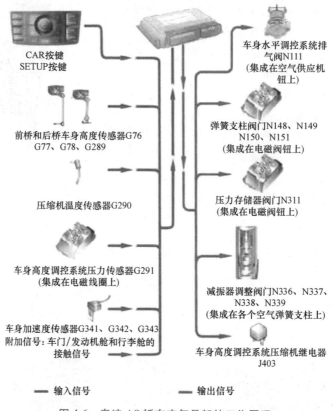

CAR按键
SETUP按键

前桥和后桥车身高度传感器G76
G77、G78、G289

压缩机温度传感器G290

车身高度调控系统压力传感器G291
(集成在电磁线圈上)

车身加速度传感器G341、G342、G343
附加信号：车门/发动机舱和行李舱的
接触信号

车身水平调控系统排气阀N111
(集成在空气供应机钮上)

弹簧支柱阀门N148、N149
N150、N151
(集成在电磁阀钮上)

压力存储器阀门N311
(集成在电磁阀钮上)

减振器调整阀门N336、N337、
N338、N339
(集成在各个空气弹簧支柱上)

车身高度调控系统压缩机继电器
J403

—— 输入信号　　　—— 输出信号

图 4-6　奥迪 A8 轿车空气悬架的工作原理

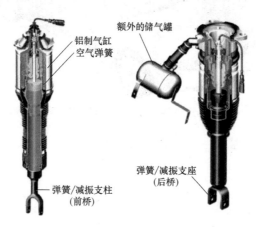

额外的储气罐

铝制气缸
空气弹簧

弹簧/减振支座
(后桥)

弹簧/减振支柱
(前桥)

图 4-7　奥迪 A8 轿车减振器的结构

3. 空气供应机组

空气供应机组安装在发动机舱的左前方。由此可以避免工作噪声传入汽车内部。除此之外还能实现有效的冷却。这样能提高压缩机的可开启持续时间并且由此提高调控质量。为保护压缩机不至过热，在需要时（如气缸盖温度过高时）会将其关闭，最大系统静态压力为 $16 \times 10^5 Pa$。奥迪 A8 轿车空气供应机组如图 4-9 所示。

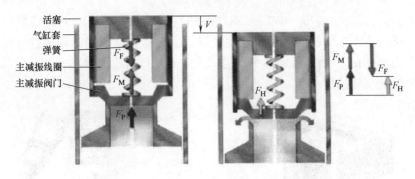

活塞
气缸套
弹簧
主减振线圈
主减振阀门

图 4-8 奥迪 A8 轿车减振器的工作原理

4. 电磁阀组

奥迪 A8 轿车电磁阀组如图 4-10 所示，包括压力传感器以及用于控制空气弹簧和储气罐的阀门。它安装在汽车左侧车轮外壳和 A 柱之间的车轮罩内。

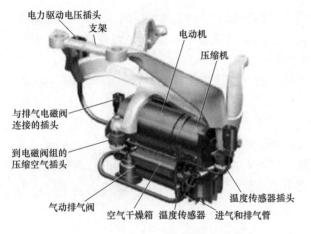

电力驱动电压插头
支架
电动机
压缩机
与排气电磁阀连接的插头
到电磁阀组的压缩空气插头
气动排气阀
空气干燥箱 温度传感器 进气和排气管
温度传感器插头

图 4-9 奥迪 A8 轿车空气供应机组

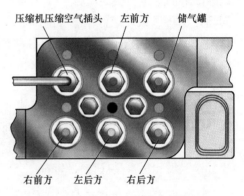

压缩机压缩空气插头 左前方 储气罐
右前方 左后方 右后方

图 4-10 奥迪 A8 轿车电磁阀组

5. 储气罐

奥迪 A8 轿车储气罐如图 4-11 所示，位于汽车左侧行李舱底板和底部消声器之间。储气罐由铝材制成，其容积为 5.8L，最大工作压力为 $16 \times 10^5 Pa$。

6. 传感器

1）压缩机温度传感器（G290）用于探测压缩机气缸盖的温度。它的电阻值随温度的升高急剧降低（NTC：负温度系数），此电阻值的变化由控制单元进行处理。空气压缩机最大运行时间取决于当前温度。维修时不得单独更换零件。

图 4-11 奥迪 A8 轿车储气罐

2）压力传感器（G291）用于测量前桥和后桥弹簧支柱或储气罐间的压力变化情况。

3）车身加速度传感器（G341、G342、G343）。为对每种行驶状态实行最理想的减振调控，必须知道车身运动（簧载质量）和车轴运动（非簧载质量）的时间曲线。使用 3 个传感器测量车身的加速度。其中有两个位于前桥的弹簧支柱拱顶上，第 3 个位于右后轮罩内。通过处理车身高度传感器信号来获取车轴部件（非簧载质量）的加速度。图 4-12 所示为车身加速度传感器。

4）车身高度传感器（G76、G77、G78、G289）如图 4-13 所示，4 个传感器在结构上相同，支架和连接杆位于车轴的侧面和特定的位置上。传感器以 800Hz 频率进行感应探测（全时四轮驱动车为 200Hz），测得悬臂和车身之间的距离，并由此测得车辆的高度状态。采样频率可以确定非簧载质量的加速度。

图 4-12　车身加速度传感器

图 4-13　车身高度传感器

7. 奥迪 A8 轿车高度调节方案

（1）自动模式　车身高度以舒适性为目标，沿着相应的减振曲线自适应调控，以超过 120km/h 的车速行驶 30s 后下降 25mm（"高速公路车身降位"）。当车速低于 70km/h 的时间超过 120s，或车速低于 35km/h 时，自动提升至标准车身高度。

（2）舒适模式　车身高度与自动模式一样，在低速范围内减振功能比自动模式弱，以比自动模式更舒适为依据进行调控。

（3）提升模式　此模式只在车速小于 80km/h 时才能选用。从 100km/h 开始，此模式自动退出，然后调控为先前所选模式（自动、动态或舒适）。

（4）动力性模式　与标准型底盘的区别：弹性和减振以运动型为依据进行调控；在车速小于 120km/h 时，自动、动态和舒适模式下的高度位置相同，但减振特性曲线不同；车身标准高度比标准型底盘低 20mm。

奥迪 A8 轿车高度调节模式工作原理如图 4-14 所示。

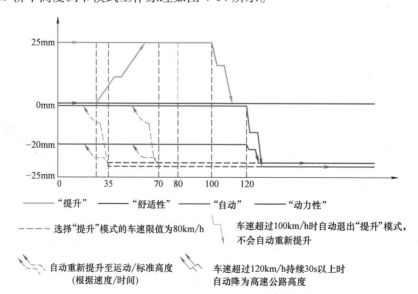

图 4-14　奥迪 A8 轿车高度调节模式工作原理

8. 空气悬架电路

奥迪 A8 轿车空气悬架电路如图 4-15 所示。

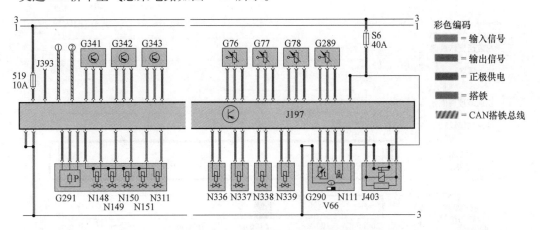

彩色编码

= 输入信号
= 输出信号
= 正极供电
= 搭铁
= CAN搭铁总线

图 4-15　奥迪 A8 轿车空气悬架电路

G76—左后车辆高度传感器　G77—右后车辆高度传感器　G78—左前车辆高度传感器　G289—右前车辆高度传感器
G290—车辆高度调节压缩机温度传感器　G291—车辆高度调节压力传感器　J393—舒适系统中央控制单元（用于车门信号）
G341—左前车身加速度传感器　G342—右前车身加速度传感器　G343—后部车身加速度传感器　J197—车辆高度调节控制单元
J403—车辆高度调节压缩机继电器　N111—车辆高度调节放气阀　N148—左前弹簧减振支柱阀　N149—右前弹簧减振支柱阀
N150—左后弹簧减振支柱阀　N151—右后弹簧减振支柱阀　N311—车辆高度调节蓄能器阀　N336—左前减振器调节阀
N337—右前减振器调节阀车辆　N338—左后减振器调节阀　N339—右后减振器调节阀　V66—车辆高度调节压缩机电动机

4.4　电控空气悬架检修

故障现象：一辆路虎揽胜轿车，因左前部发生碰撞，导致转向机的左侧拉杆折断及减振器变形，在更换减振器后，仪表显示动态悬架故障。

故障诊断：用专用故障检测仪 SDD 进行检查，读得故障码 C1A0326，其含义为左前高度传感器电压信号故障。该传感器为霍尔传感器，有 3 根导线连接到空气悬架控制模块，其中 1 根 5V 参考电源线为信号线，1 根为搭铁线。推断可能的故障原因有：左前高度传感器变形或安装不到位；左前高度传感器内部电路故障；左前高度传感器相关电路故障；空气悬架变形；空气悬架控制模块故障。

查看左前高度传感器的数据，如图 4-16 所示，其参考电源电压为 4.93V，信号电压为 4.73V；查看右前高度传感器的数据，如图 4-17 所示，其参考电源电压为 4.92V，信号电压为 1.78V。由此可知左前高度传感器信号电压与右前高度传感器信号电压相差过大。

将左前高度传感器与右前高度传感器互换安装后试车，左前高度传感器的数据与右前高度传感器的数据均无变化；转动右前高度传感器的臂，其信号电压会在0~4.8V 变化；转动左前高度传感器的臂，其信号电压为0V 或 4.7~4.8V，而不会在0~4.7V 变化。由此推断左前高度传感器本身正常，故障可能出在左前高度传感器的电路或空气悬架控制模块上。拔下空气悬架控制模块上的导线插接器，用万用表检查空气悬架控制模块与左前高度传感器间的电路，不存在短路、断路现象。如果空气悬架控制模块有故障，可以分为软件故障和硬件故障。该车的空气悬架控制模块是可以刷新的，即可以重新写入数据。如果刷新空气悬架控制模块后还不能排除故障，很可能是空气悬架控制模块的硬件部分有故障。刷新空气悬架控制模块后试车，左前高度传感器的参考电源电压为4.92V，信号电压为2.03V，数据恢复正常，故障码可以清除，故障排除。

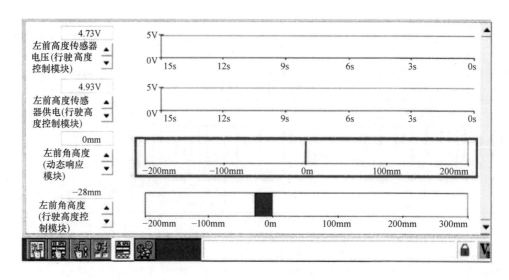

图4-16　故障车左前高度传感器的数据

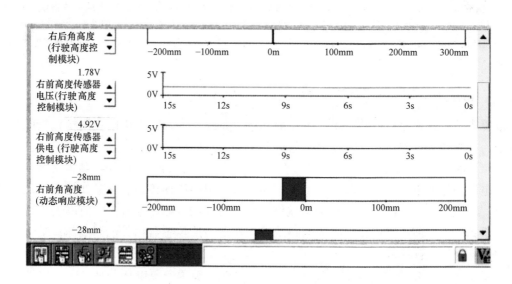

图4-17　故障车右前高度传感器的数据

4.5　小知识——空气悬架的应用

视频9
空气悬架
的功能

空气悬架从19世纪中期诞生以来，经历了"气动弹簧-气囊复合式悬架→半主动空气悬架→中央充放气悬架（即电控空气悬架系统，ECAS）"等多种变化形式，到20世纪50年代才被应用在载货车、大客车、小轿车及轨道车辆上。目前国外高级大型客车几乎全部使用空气悬架，重型载货车使用空气悬架的比例已达80%以上，空气悬架在轻型汽车上的应用量也在迅速上升。部分轿车逐渐安装使用空气悬架，在一些特种车辆（如对防振要求较高的仪表车、救护车、特种军用车及要求的集装箱运输车等）上，空气悬架几乎为唯一选择。在我国，空气悬架系统只应用在一些豪华客车和少部分重型货车和挂车上。

任务五 胎压监测系统的检修

引言

目前，胎压监测系统（TPMS）主要有两种解决方案，直接式系统和间接式系统。

直接式胎压监测系统利用安装在每一个轮胎里的压力传感器直接测量轮胎的气压，并对各轮胎气压进行显示及监控，当轮胎气压太低或有渗漏时，系统会自动报警。

间接式胎压监测系统通过汽车 ABS 的轮速传感器来比较轮胎之间的转速差别，以达到监控胎压的目的，该类型系统的主要缺点：①不能显示出各条轮胎准确的瞬时气压值；②同一车轴或者同一侧车轮或者所有轮胎气压同时下降时不能报警；③不能同时兼顾车速、检测精度等因素。

知识目标

1. 了解直接式胎压监测系统的结构与工作原理。
2. 了解间接式胎压监测系统的结构与工作原理。

能力目标

1. 能够制订胎压监测系统的故障检修计划。
2. 能够按照故障检修计划对胎压监测系统进行检修。
3. 能够解决学习和实践中的实际问题。

5.1 凯迪拉克 CTS 直接式胎压监测系统的结构和工作原理

凯迪拉克 CTS 胎压监测系统主要由安装在汽车轮胎内的压力和温度传感器、信号处理单元（MCU）、RF 发射器组成的下 TPMS 发射模块、天线以及安装在汽车驾驶台上的包括数字信号处理单元（MCU）、RF 接收器、液晶显示器（LCD）等组成，如图 5-1 所示。

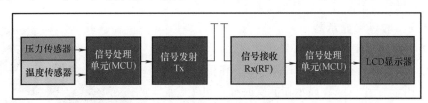

图 5-1 凯迪拉克 CTS 胎压监测系统结构简图

当 4 个轮胎中的任何一个轮胎的气压严重下降时，胎压监测系统（TPMS）会对驾驶人发出警告，并使驾驶人能够在驾驶时通过液晶显示器（LCD）观察各个轮胎气压。系统通过驾驶人侧后窗玻璃中的调幅/调频天线格栅、天线模块、仪表板集成模块（DIM）、仪表板组合仪表（IPC）、4 个轮胎车轮总成中的射频发射压力传感器和串行数据电路来执行系统功能。

当车速低于32km/h时传感器进入"静止"模式，在此模式下传感器通过调幅/调频天线格栅每60min向天线模块发射一次信号，以尽可能降低传感器电池电量的消耗。当车速增大到32km/h时，离心力使传感器的内部滚动开关闭合，从而使传感器进入"行驶"模式。在此模式下传感器每60s向天线模块发射一次信号。

如果胎压监测系统检测到轮胎气压明显下降或如果轮胎充气过足，则驾驶人信息中心相应的显示灯会闪烁；同时，仪表板组合仪表上的轮胎气压过低，警告灯会亮。将轮胎气压调整到标准值可以使组合仪表上的警告灯熄灭。天线模块能够检测到胎压监测系统内的任何故障。

若检测到故障，就会使驾驶人信息中心显示"SERVICE TIRE MONITOR"（维修轮胎监测系统）警告信息。

1. TPMS 传感器

TPMS 传感器是一个集半导体压力传感器、半导体温度传感器、数字信号处理单元和电源管理器于一体的片式系统模块。为了强化胎压检测功能，有不少 TPMS 传感器模块内增加了加速度传感器、电压检测芯片、内部时钟、看门狗。这些功能芯片使得 TPMS 传感器不仅能实时检测汽车运行中的轮胎压力和胎内温度的变化，还能实现汽车运行中即时开机、自动唤醒、节省电能等功能。

凯迪拉克 CTS 胎压监测系统（TPMS）传感器采用硅压阻式压力传感器。为了便于 TPMS 接收器的识别，压力传感器都具有 6~8 位独特的 ID 码。其结构如图 5-2 所示。

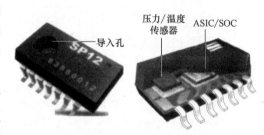

图 5-2　硅压阻式压力传感器的结构

在"静止"模式下，每个传感器每20s进行一次气压测量采样。如果轮胎气压与上次测量值相比增加或减小超过11kPa，将立即进行重新测量，以确认气压变化值。如果气压确实发生了变化，传感器会发送一个"重新测量"信号给天线模块。当天线模块在传感器读入模式下收到重新测量信号时，它会将传感器识别码指定给车上的该位置。

2. 压力/温度信号处理与发射

压力/温度信号经 TPMS 传感器模块内的电路处理，通过其 SPI 口传输给安装在发射模块内的信号处理单元（MCU），经其综合成数据流进入同一封装内的 RF 发射 IC，按设定的超高频率（UHF）调制发射给安装在驾驶室内的接收器。

3. TPMS 接收器和显示器

TPMS 接收器由 UHFASK/FSKRF 接收 IC 和信号处理 MCU、键盘、LCD 显示器组成。RF 接收 IC 和信号处理 MCU 安装在一个盒子里。LCD 显示器能实时显示每个轮胎的压力、温度和每一个轮胎的 ID 识别码，并能声光报警。

4. TPMS 发射模块

由于凯迪拉克 CTS 轮胎没有内胎，因此给 TPMS 发射模块安装带来了极大的方便。凯迪拉克 CTS 轿车的 TMPS 发射模块安装在轮胎气门嘴上，如图 5-3 所示。

图 5-3　TMPS 发射模块

5. 凯迪拉克 CTS 胎压监测系统电路

凯迪拉克 CTS 胎压监测系统电路如图 5-4 所示。

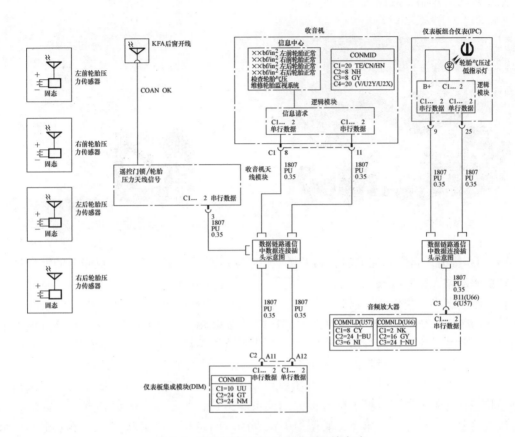

图 5-4   凯迪拉克 CTS 胎压监测系统电路

5.2   大众间接式胎压监测系统的结构和工作原理

国内大众车系上装配的间接式胎压监测系统如图 5-5 所示。它通过轮速传感器提供的轮速信号来推算轮胎动态半径的变化，然后换算成胎压的变化，从而实现胎压监测的功能。

该类型的胎压监测系统是间接测量胎压的一款经济型装备，除了增加按钮以及线束以外，没有硬件方面的变化。系统通过轮速信号推算轮胎的动态半径，该值取决于很多参数的变化，如车速、载荷、轮胎充气气压，及由于加速、制动以及侧向力导致的轮胎滑移等。另外，很关键的影响就是轮胎的特性，例如轮胎尺寸、侧偏刚度、轮胎结构等参数引起的轮胎动态半径的变化，系统将其视为干扰。系统必须通过自学习参照上述的参数来推算轮胎压力的变化，同时必须过滤干扰信号，从而实现准确及时的胎压监测和报警。间接式胎压监测系统报警示意图如图 5-6 所示。

为了使系统正常工作，必须完成下面操作：

1）设定理论轮胎气压。用户需事先将四轮胎压调整到额定值，然后通过按车内的重置钮或仪表中的功能菜单,激活系统自学习来获取理论轮胎气压。

2)系统自学习。自学习过程最好在平直路面上进行,通过自学习系统获取必要的参考值,然后自动进入胎压监控状态。

图5-5 间接式胎压监测系统

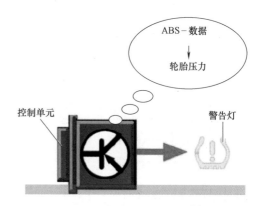

图5-6 间接式胎压监测系统报警示意图

3)胎压报警。自学习完成后,如果某个轮胎气压不足,系统会通过仪表上的警告灯以及警示音提醒驾驶人轮胎亏气。

在轮胎动态半径变化值达到0.22%时,胎压监测系统才会识别胎压损失,即胎压降低到初始胎压的70%~75%时发出警报(此时胎压损失为$0.4 \sim 0.5 \times 10^5 Pa$),系统将通过仪表上的警告灯提醒驾驶人检查轮胎气压。有时由于某些干扰,系统可能在给定的胎压损失临界值没有报警,此时只要胎压继续降低$0.2 \times 10^5 Pa$左右,系统很快就会报警。

一般情况下,车辆行驶2~3km,系统就可以识别胎压损失并报警。胎压损失的识别过程与路面状态、驾驶方式、行驶工况有很大的关系。另外,胎压损失的识别过程与自学习的状态有很大关系。自学习时间越短,胎压损失识别的时间越长,极限状态下甚至不能识别胎压损失。

5.3 胎压监测系统检修

配置有轮胎胎压监测系统的车辆,驾驶人能通过仪表信息显示屏及时观察到当前的轮胎胎压状况。以别克君威轿车为例,车辆静止时,传感器内部加速计未启动,从而使传感器进入静止状态。在这种状态下,传感器每30s采样轮胎气压一次,如果轮胎气压不变,则不进行发射。随着车速升高至20km/h以上,离心力启动传感器内部加速计,从而导致传感器进入滚动模式。如果车身控制模块的电源被切断或车辆蓄电池连接被断开,每个轮胎气压传感器识别码都被保留,但所有的轮胎气压信息都将丢失。在这些情况下,驾驶人信息中心将都显示为横线,且故障诊断仪将为每个轮胎指示一个默认的轮胎气压值1020kPa。当以高于20km/h的速度驾驶车辆至少2min后,将启动传感器,使驾驶人信息中心显示当前轮胎气压。同时,车身控制模块可以在轮胎气压监测系统中检测到故障,并设置一个故障诊断码,组合仪表上的轮胎气压监测指示灯图标将闪烁1min,在点火开关置于ON位置且组合仪表灯检测完成之后,指示灯图标将保持亮。如果检测到任何故障,驾驶人信息中心将会显示一个维修胎压监测系统。图5-7所示为别克君威轿车胎压监测示意图。

1. 获取胎压信息

传感器安装在轮胎内部,发送带有识别信息、压力和温度的RF(射频)信号。遥控功能执行器模块（RFA）能接收传感器的信号，但它没有进一步处理信号的能力，只是简单地把传感器的数据发送给位于 BCM 中的 TPMS 应用软件，由 BCM 中的应用软件按照相应的运算法则来进行处理。最后，由 BCM 将相应的信息发送给仪表盘和驾驶人信息中心。

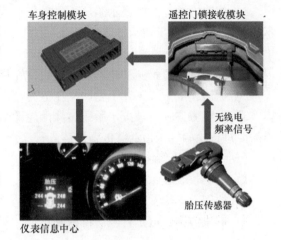

图 5-7　别克君威轿车胎压监测示意图

2. 胎压传感器的读入程序

胎压传感器的读入程序分为专用模块读入方法和手动读入两种。

（1）专用模块的读入方法

1）使用 J—46079，启动轮胎气压监测读入模式。若听到喇叭发出两声"唧唧"声并启动转向信号灯，表示读入模式已经启动，左前转向信号也将亮。

2）从左前轮胎开始，将 J—46079 的天线朝上顶住气门芯位置，紧贴车轮轮辋的轮胎侧壁，以启动传感器。按下然后松开启动按钮并等待喇叭发出"唧唧"声。一旦所有转向信号灯启动持续 3s 并且喇叭发出"唧唧"声，已读入传感器信息，并且下一读入位置的转向信号将亮。

3）喇叭发出"唧唧"声，并且下一读入的转向信号亮后，按以下顺序重复步骤 2）以启动其余 3 个传感器：右前、右后、左后。

4）当已读入左后传感器时，所有转向信号灯被启动持续 3s，并且喇叭响起两次"唧唧"声，读入过程完成并且车身控制模块退出读入模式。

5）将点火开关置于 OFF 位置，调整所有轮胎至推荐的压力。

（2）手动读入方法

1）将点火开关置于 ON 位置，按下和释放手柄开关上的"INFO（信息）"按钮，或者按下里程表按钮（取决于驾驶人信息中心等级）直至"TIRE LEARN（轮胎读入）"信息出现在驾驶人信息中心屏幕上。按住"SET/RESET（设置/重置）"按钮直至所有转向信号灯被启动持续 3s，并且喇叭响起两次"唧唧"声，显示读入模式已被启动，左前转向信号也将亮。

2）从左前轮开始，增大/减小轮胎气压 8.3kPa，然后等待喇叭发出"唧唧"声。喇叭"唧唧"声可出现在压力增大/减小前或最多 30s 后。一旦喇叭发出"唧唧"声，读入传感器信息，要读入的下一个位置的转向信号灯将亮。

3）喇叭发出"唧唧"声，并且下一读入的转向信号亮后，按以下顺序重复步骤 2）以启动其余 3 个传感器：右前、右后、左后。

4）当已读入左后传感器时，所有转向信号灯被启动持续 3s，并且喇叭响起两次"唧唧"声，读入过程完成并且车身控制模块退出读入模式。

5）将点火开关置于 OFF 位置，调整所有轮胎至推荐压力。

3. 胎压监测系统常见故障

（1）胎压过低

1）车辆仪表显示：某轮胎胎压过低和胎压灯亮；在旋转菜单后，会出现"请检修胎压监测系统"。

2）原因：某个或某几个轮胎气压值低。

3）解决方法：对被提示胎压不足的轮胎充气（达到 240kPa 即可），然后重新起动汽车。不需要进行轮胎气压指示器传感器读入程序。

（2）胎压过高

1）车辆仪表显示：某轮胎胎压过高；在旋转菜单后，会出现"请检修胎压监测系统"。

2）原因：某个或某几个轮胎气压值高。

3）解决方案：对被提示胎压过高的轮胎放气（达到 240kPa 即可），然后重新起动汽车。不需要进行轮胎气压指示器传感器读入程序。

（3）4 个胎压值均不显示

1）车辆仪表显示：4 个胎压值均不显示。

2）原因：车辆蓄电池连接被断开过。

3）解决方案：汽车行驶后可恢复正常。

（4）部分胎压值不显示

1）车辆仪表显示：部分胎压值（可能 1 个、2 个或 3 个）不显示和胎压灯亮，或者在旋转菜单后会出现"请检修胎压监测系统"。

2）原因：进行轮胎气压指示器传感器读入程序时，读入错误的胎压传感器位置或者车辆改装电气系统（如加装 DVD 等），干扰了接收器接收胎压传感器的信号。

3）解决方案：使用正确的胎压诊断工具或充放气方法重新进行轮胎气压指示器传感器读入程序；如果由于 DVD 系统改装或加装，其释放出的干扰信号较强，必须先排除电磁干扰。

（5）胎压监测系统学习不成功

1）车辆仪表显示：4 个胎压值均不显示和胎压灯亮，在旋转菜单后会出现"请检修胎压监测系统"，如图 5-8 所示。

2）原因：车身控制模块（BCM）软件和标定不是最新版本、传感器故障、车辆改装DVD，干扰接收器接收胎压传感器的信号。

3）解决方案：重新编程更新车身控制模块软件，然后进行轮胎气压指示器传感器读入程序、更换新胎压传感器，由于改装加装的 DVD 释放出的干扰信号较强，必须排除电磁干扰。

图 5-8　仪表盘上显示"请检修胎压监测系统"

5.4　小知识——外置式胎压监测系统

视频10
外置式胎压
监测系统

很多原厂车辆都没有安装内置式胎压监测装置，安装内置胎压监测装置也很麻烦。现在市面上有一种外置式胎压监测装置，安装很方便，可靠性也很好。它由 4 个传感器与蓝牙接收器组成，并且配备了螺母扳手与防盗螺钉。其安装十分简单，只需按照传感器上标识的位置装上对应轮胎即可。图 5-9 所示为外置式胎压监测装置安装示意图。

外置式胎压监测仪胎压接收显示器如图 5-10 所示安装在点烟器上。

图 5-9　外置式胎压监测装置安装示意图　　　　图 5-10　外置式胎压监测仪胎压接收显示器

任务六　巡航控制系统的检修

引言

　　汽车巡航控制系统（Cruise Control System，CCS）又称为巡航行驶装置、速度控制系统、自动驾驶系统等。其作用是按驾驶人要求的速度合上开关之后，不用踩加速踏板就自动地保持车速，使车辆以固定的速度行驶。采用了这种装置后，当在高速公路上长时间行车，驾驶人不用控制加速踏板，从而减轻了疲劳，同时减少了不必要的车速变化，可以节省燃料。图 6-1 所示为仪表盘上亮起的巡航指示灯，图 6-2 所示为巡航指示灯示例。

图 6-1　仪表盘上亮起的巡航指示灯　　　　　　图 6-2　巡航指示灯示例

知识目标

1. 了解定速巡航控制系统的结构与工作原理。
2. 了解自适应巡航控制系统的结构与工作原理。

能力目标

1. 能够制订巡航控制系统的故障检修计划。
2. 能够按照故障检修计划对巡航控制系统进行检修。
3. 能够解决学习和实践中的实际问题。

6.1   定速巡航控制系统的结构和工作原理

定速巡航控制系统是一种利用电子控制技术保持汽车自动等速行驶的系统，其控制过程如图 6-3 所示。当汽车在高速公路上长时间行驶时，接通巡航控制主开关，设定希望的车速，巡航控制系统将根据汽车行驶阻力的变化自动增大或减小节气门开度，使汽车按设定的车速等速行驶，驾驶人不必操纵加速踏板。

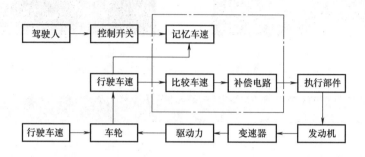

图 6-3   定速巡航控制系统的控制过程

巡航控制系统由巡航控制开关、传感器、巡航控制 ECU、执行器等组成，如图 6-4 所示。巡航控制开关和传感器将信号送至 ECU，ECU 根据信号计算出节气门的合理开度，并给执行器发出信号，调节节气门的开度，保持汽车按设定的车速等速行驶。

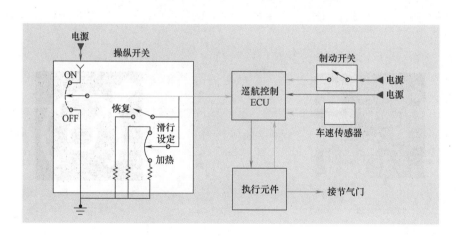

图 6-4   巡航控制系统的组成

6.1.1   巡航控制开关

视频11
定速巡航控制
系统的操作

巡航控制开关一般采用手柄式开关，如图 6-5 所示，安装于转向盘下方，也有的采用按键式开关，装在转向盘上。

巡航控制开关包括主开关（MAIN）、设定/减速开关（SET/COAST）、恢复/加速开关（RES/ACC）和取消（CANCEL）开关。

1. 主开关

巡航控制开关一般在转向盘的右下方或左下方，主开关在手柄的顶端。

2. 控制开关

手柄式巡航控制开关一般由设定/减速开关、恢复/加速开关和取消开关组成。

3. 退出巡航控制开关

按下主开关按钮，退出巡航。

6.1.2　传感器

1. 车速传感器

车速传感器信号可同时用于发动机控制、自动变速器控制和巡航控制等。

2. 节气门位置传感器

节气门位置传感器信号可同时用于发动机控制、自动变速器控制和巡航控制等。

3. 节气门控制摇臂传感器

节气门控制摇臂传感器可给巡航控制 ECU 提供节气门摇臂位置信号。

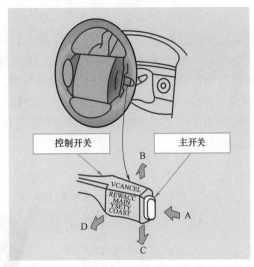

图 6-5　巡航控制开关及主开关

6.1.3　巡航控制 ECU

巡航控制 ECU 的控制功能：①记忆设定车速功能；②等速控制功能；③设定车速调整功能；④取消和恢复功能，即当汽车以巡航控制模式行驶时，如果接通取消开关或接通任何一个其他的退出巡航控制开关，巡航控制 ECU 将控制执行器使巡航控制取消；⑤车速下限控制功能；⑥车速上限控制功能。

6.1.4　巡航控制系统执行机构

巡航控制系统的执行器由 ECU 控制，根据 ECU 的控制信号控制节气门的开度，以保持车速恒定。巡航控制系统执行器有真空驱动型和电动机驱动型两种。图 6-6 所示为电动式执行机构的工作原理。

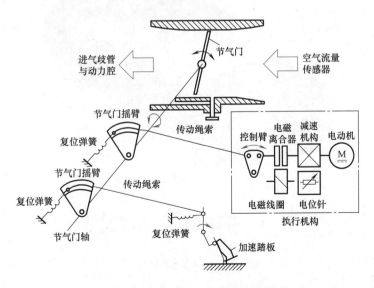

图 6-6　电动式执行机构的工作原理

6.2　自适应巡航控制（ACC）系统的结构和工作原理

自适应巡航控制（Adaptive Cruise Control，ACC）系统是一种智能化的自动控制系统，它是在早已存在的巡航控制技术的基础上发展而来的。安装在车头的雷达传感器会感应出前方车辆。电子系统测出两车间距，且会自行计算前方路程的角度情况和相对速度，并判断应保持的最小车距。由ACC系统对发动机、变速器和制动电子设备进行控制，以适应该距离。另外，ACC系统还对最大的制动效果进行限制，以告知驾驶人，在某些弯道上行驶速度相对过快，车辆的靠近情况已无法通过该系统来调整。图6-7所示为自适应巡航控制系统的操作手柄。

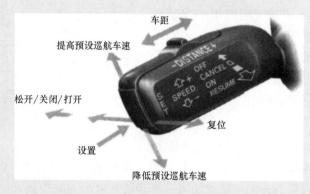

图6-7　自适应巡航控制系统的操作手柄

（1）系统组成与位置　系统组成与位置如图6-8所示。

图6-8　系统组成与位置

（2）车距调节传感器和车距调节控制单元　车距传感器和车距调节控制单元安装在同一壳体内，如图6-9所示，通过支架上的调节螺栓可以调节车距传感器的安装位置。

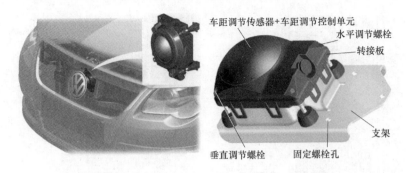

图 6-9　车距调节传感器和车距调节控制单元

（3）自适应巡航控制系统工作原理概述　　如果传感器检测范围内没有车辆，保持设定车速。

如果装备自适应巡航控制（ACC）系统的车辆（绿色）前方遇到一辆慢车行驶在同一条车道上（红车），则发动机降低转矩，如果有必要，则车辆采取柔和的制动措施，以将两车车距调节到驾驶人预设的值，该值为受时间控制的值，这个距离在几个阶段内进行调整，如图 6-10 所示。

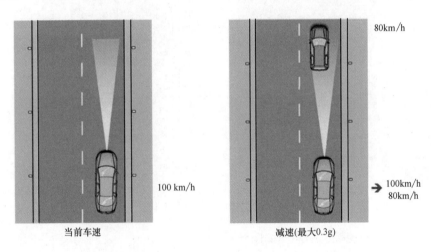

图 6-10　自适应巡航控制（ACC）系统工作原理示意图 1

出于计算的原因，只能选择同方向行驶的车辆作为参考。

静止的车辆能够被探测到但是不能用于计算（相对速度与车辆本身速度相同），相对行驶的车辆速度和方向也能被判断出来，但是该测量值也不能用于计算。

如图 6-11 所示，这时如果有另一辆车（摩托车）闯入 A、B 两车之间，那么自适应巡航控制（ACC）系统施加的制动就不足以使绿车和摩托车之间的距离达到设定的巡航车距（自适应巡航控制系统出于舒适性的考虑，制动力只能达到制动系统最大制动减速能力的 25%），于是就有声、光警告信号来提醒驾驶人，应踏下制动踏板实施制动。

如图 6-12 所示，尽管绿车的行车道前方没车，但是 APC 可能会对右侧行车道上行驶的蓝色车做出反应。车道探测的精确度受到车速的影响，车速越高，需要的车距越大，行车道预报的精确度越低，特别是在左转弯时。

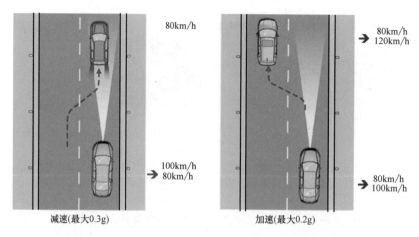

减速(最大0.3g)　　　　　　加速(最大0.2g)

图 6-11　自适应巡航控制（ACC）系统工作原理示意图 2

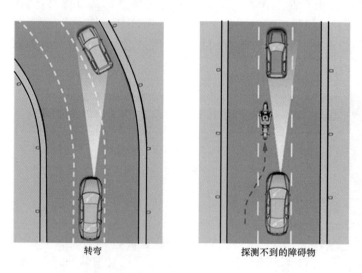

转弯　　　　　　探测不到的障碍物

图 6-12　转弯时和探测盲区

自适应巡航控制系统控制功能图如图 6-13 所示。

视频12
自适应巡航控
制系统的操作

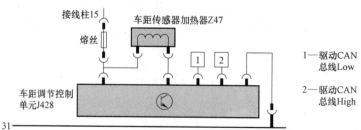

图 6-13　自适应巡航控制系统控制功能图

6.3　自适应巡航控制系统故障检修

大众 CC 轿车自适应巡航控制系统电路如图 6-14 所示。

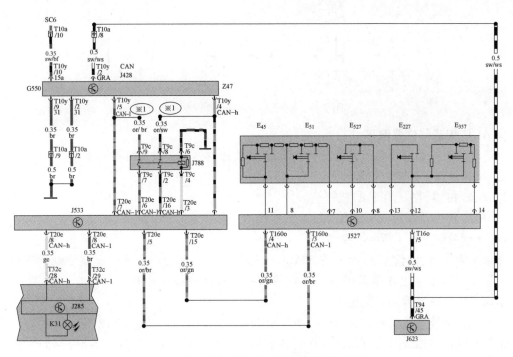

图 6-14　大众 CC 轿车自适应巡航控制系统电路

G550—自动车距控制传感器　J428—自动车距调节控制单元　J623—发动机控制单元　SC6—熔丝架 C 上的熔丝 6

T10a—10 针插头连接　T10y—10 针插头连接　T94—94 针插头连接　Z47—车距控制装置传感加热装置

J533—数据总线诊断接口　J788—驱动 CAN 总线断路继电器　T9c—9 针插头连接　T20e—20 针插头连接

J285—仪表板中的控制单元　J533—数据线诊断接口　K31—GRA 指示灯　T32c—32 针插头连接

自适应巡航控制系统硬件组成相对简单，电路故障比较少见，常见故障有以下两种。

1. 自动车距控制单元损坏

故障现象：打开巡航开关，组合仪表提示自适应巡航控制系统故障，自适应巡航无法开启。

故障诊断：自诊断检查故障码 00272——由于电磁干扰而造成功能停用，如图 6-15 所示。

根据电路图检查自适应巡航系统中自动车距调节控制单元的电源及搭铁线路，如果正常，进一步检查巡航主开关的开启信号。在巡航主开关开启的情况下，J428 的 T10y/8 插脚处应该能检测到约为 12V 的高电位。可用示波器检查 J428 控制单元 T10y/5 及 T10y/4 两脚的驱动 CAN 总线（或扩展 CAN 总线）的波形信号。其正常信号波形如图 6-16 所示。通过测量可排除电路故障。维修经验表明，

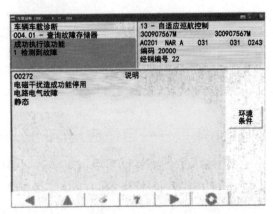

图 6-15　读取故障码

出现上述故障码，多为自动车距调节控制单元及 ACC 传感器总成损坏。

故障排除：更换部件总成，然后进行 ACC 传感器校准。

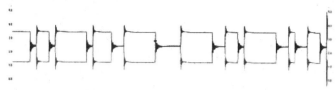

图 6-16 CAN 总线正常信号波形

2. ACC 传感器位置偏移

自适应巡航控制系统在下述情况下必须对 ACC 传感器探头进行机械调整:

1) 车辆进行了四轮定位调整。

2) ACC 传感器进行了拆装或更换。

3) ACC 传感器固定支架进行了拆装或更换。

4) 车辆前部进行了拆装或损坏。

如果车辆进行过上述操作而未进行 ACC 传感器校准,在使用自适应巡航控制系统时,组合仪表多功能显示区出现报警提示,且自适应巡航控制系统中出现"00234",如图 6-17 所示,自动车距传感器误调,机械故障。

出现上述故障后,可查看主动巡航系统中的第 6 组数据测量值,如图 6-18 所示,其中显示区 1 为实际偏差值,正常应该显示 0。如果显示异常,则表示需要对 ACC 传感器进行校准。如果 ACC 传感器需要校准,应该到具备相应资质的 4S 店,利用专用工具 V. A. S6430 配合四轮定位仪进行校准,校准后可使实际偏差值归零。

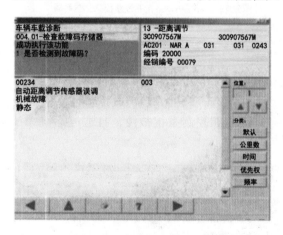

图 6-17 读取故障码 00234

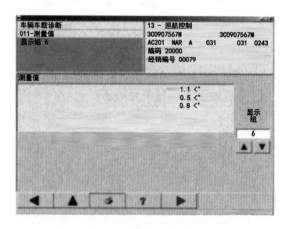

图 6-18 数据测量值

6.4 小知识——自适应巡航的历史与使用

自适应巡航控制系统的历史可以追溯至 20 世纪 70 年代。1971 年,美国 EATON(伊顿)公司便已从事这方面的开发。自适应巡航控制系统的雏形是日本三菱公司提出的 PDC(Preview Distance Control)系统,它将雷达与其他处理器结合在一起,可以侦测出车距变化,并对驾驶人发出警告,系统还可以控制节气门开度来调节发动机功率。

1. 自适应巡航与定速巡航的区别

定速巡航的功用是使汽车达到并保持驾驶人预设的时速行驶,自适应巡航除了使汽车达到预设时速外,还有保持预设跟车距离以及随着车距变化自动加速与减速的功能。

2. 自适应巡航控制系统的结构

自适应巡航控制系统由传感器、数字信号处理器和控制模块 3 部分组成。如果用人类做比喻，传感器就类似于眼睛、耳朵、鼻子等器官，它负责感知前车和本车的确切位置。目前市场上常见的传感器有雷达传感器、红外光束以及视频摄像头等几种。信号处理器负责将传感器接收到的信息进行数字处理，最后由控制模块处理收集到的信息进行控制。系统判断需要减速时，最终由 ABS 对车轮实施制动或者变速器采用降档的办法，将车速降低。

3. 自适应巡航控制系统控制逻辑

本车时速、前车时速、前车与本车距离、旁边车道是否有车辆进入等都是自适应巡航控制系统的控制依据。自适应巡航控制系统的控制逻辑是利用传感器得到行车所用的一切信息，当发现前车减速或发现干扰本车行驶的新目标时，电控单元发送执行信号给发动机或制动系统，做出相关动作；如果发现前方没有车辆，则恢复设定车速，随后就是周而复始循环至驾驶人关闭功能。

4. 自适应巡航不等于城市安全系统

自适应巡航设计初衷是减轻驾驶人长途驾驶的疲劳，但它并不适用于复杂的城市路况。虽然现在的自适应巡航控制系统具备了根据前车情况、路况减速，甚至是制动的功能，但其开发最初目的是减轻驾驶人高速行车时的疲劳度，而不是依据主动驾驶功能而开发的。换言之，这套系统的减速与制动停止功能的判断逻辑并不是以应付城市中复杂的低速路况而研发的，它只是减轻高速行驶时的疲劳感，而非永久解放人的双手。

任务七　电控四驱系统的检修

引言 ◀

电控四驱指的是车辆在行驶过程中由电控单元控制四轮驱动的形式，发动机输出的转矩以固定的比例分配到前、后轮。这种驱动模式能随时拥有较好的越野和操控性能，但不能够根据路面情况做出转矩分配的调整，并且油耗较高。电控四驱分为分时四驱、适时四驱和全时四驱，分时四驱是一种驾驶人可以在两驱和四驱之间手动进行选择的四轮驱动系统，可由驾驶人根据驾驶需要通过对分动器的断开或接通实现两驱或四驱。适时四驱是只有在适当的时候才会出现的四轮驱动系统，它的出现不仅降低了四驱汽车的成本，也为用户带来了良好的燃油经济性。全时四驱是汽车在行驶的任何时间所有车轮全部独立运动，优点是更好的动力、牵引力、驾驶体验，在剧烈驾驶情况下更安全、行驶更稳定。

知识目标 ◀

1. 了解大众 4 MOTION 电控四驱系统的结构与工作原理。
2. 掌握电控四驱系统的控制原理。

能力目标 ◀

1. 能够制订电控四驱系统的故障检修计划。
2. 能够按照故障检修计划对电控四驱系统进行检修。
3. 能够解决学习和实践中的实际问题。

7.1　大众 4 MOTION 电控四驱系统的结构和工作原理

7.1.1　偶合器的结构与工作原理

在 1998 年，德国大众汽车用 4MOTION 驱动系统替代了 Syncro 四轮驱动系统。Syncro 系统中使用的是 Visco 偶合器，而 4MOTION 首次使用来自瑞典的 Haldex 的四轮驱动偶合器。

使用电控液压离合器从动盘能够电动控制四轮驱动。除打滑之外，控制单元还能对转弯、车速、减速、加速等行驶工况做出动态反应。图 7-1 所示为第一代 Haldex 偶合器和第二代 Haldex 偶合器。

前两代的 Haldex 偶合器利用前、后桥的速度差来制造泵效应。该效应通过一个举升盘推动滚轮和两个平行的提升活塞来建立工作油压。该油压通过工作活塞将离合器从动盘组件推到一起，产生油压的大小决定了驱动转矩传递的大小。

Haldex 偶合器安装在后桥差速器前方的万向传动轴上。当发动机转速高于 400r/min 时，Haldex 偶合器开始工作。图 7-2 所示为偶合器的安装位置。

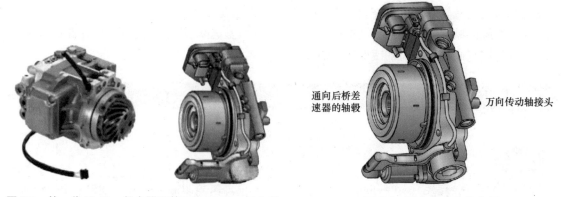

图 7-1　第一代 Haldex 偶合器和第二代 Haldex 偶合器　　　　图 7-2　偶合器的安装位置

偶合器的结构如图 7-3 所示，由湿式多片离合器、摩擦片壳体、压力阀、蓄能器、机油滤清器、工作活塞、过载保护阀、偶合器泵等组成。

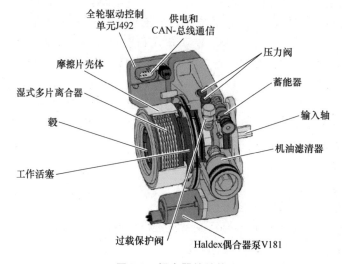

图 7-3　偶合器的结构

　　两个车桥间的车轮转角差达到10°以上时，Haldex偶合器的摩擦片组开始传递转矩；当车轮转角差达到20°以上时，才能输出全部转矩。偶合器工作原理示意图如图7-4所示。

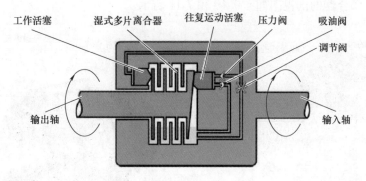

图7-4　偶合器工作原理示意图

　　当出现车轮转速差，输入轴就会与往复运动活塞操纵辊一起绕着与盘形凸轮连接在一起的输出轴（该轴在以较低的转速转动）转动，如图7-5所示。

　　操纵辊将上、下运动传给往复运动活塞，活塞产生一个提升运动，并形成油液体积流量的变化，如图7-6所示。

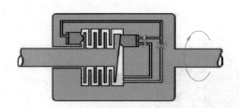 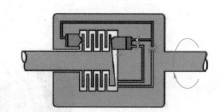

图7-5　偶合器工作原理1　　　　　　　　图7-6　偶合器工作原理2

　　机油流经机油道被引至工作活塞，于是机油压力顶着工作活塞的操纵辊和摩擦片组的止动垫圈压向右边，如图7-7所示。

　　摩擦片组被压靠在一起，使输入轴和输出轴连成一体，这时为四轮驱动状态，可以传递转矩，如图7-8所示。

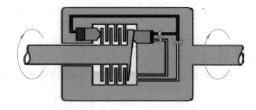 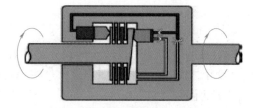

图7-7　偶合器工作原理3　　　　　　　　图7-8　偶合器工作原理4

　　Haldex偶合器由3部分组成：机械部件、液压部件和电子（和电气）部件。机械部件包括Haldex偶合器的传动部分及其壳体以及在壳体内啮合的外摩擦片、输出毂的盘形凸轮以及在毂内啮合的内摩擦片以及工作活塞。偶合器壳体由往复运动活塞的外操纵辊、内操纵辊和工作活塞的操纵辊组成。偶合器壳体的结构如图7-9所示。

外摩擦片通过其外部齿与偶合器壳体连在一起。内摩擦片安装在输出毂内，其内侧有齿，内摩擦片是钢制的。输出毂的盘形凸轮表面起伏不平，往复运动活塞在这个表面上运动，从而产生泵运动。偶合器的剖视图如图7-10和7-11所示。

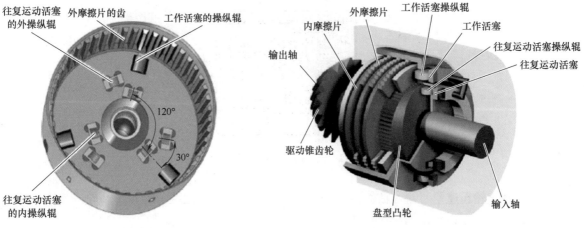

图 7-9　偶合器壳体的结构　　　　图 7-10　偶合器剖视图 1

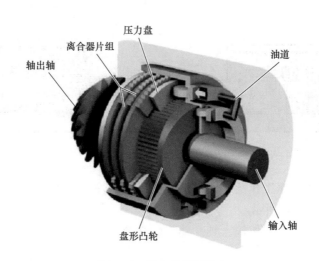

图 7-11　偶合器剖视图 2

7.1.2　偶合器液压系统的结构与工作原理

偶合器的液压部件包括各种阀和蓄能器。Haldex 偶合器的液压系统有 5 个阀：2 个吸油阀、2 个压力阀、1 个过载保护阀，这些阀是通过弹簧力来打开和关闭的。偶合器的液压系统如图 7-12 所示。

蓄能器通过弹簧力来调节机油供油压力并保持压力恒定，系统无压力：蓄能器弹簧处于放松状态，没有机油流过；系统内有供油压力：如果供油压力过高，那么蓄能器会将该压力向机油槽方向卸压，如果供油压力过低，弹簧会减少或切断机油流。

过载保护阀用于保护部件，它将工作压力限制为最大约 10^4kPa。过载保护阀通过一个弹簧来工作，该弹簧的力的大小已经设定好，如果系统内压力升到 10^4kPa，那么过载保护阀就会打开，机油通过蓄能器流入机油槽，系统卸压。

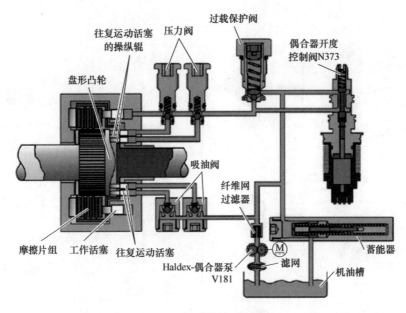

图 7-12　偶合器的液压系统

吸油阀位于 Haldex 偶合器和往复运动活塞的供油压力一侧，该阀是弹簧加载的。当供油压力作用在往复运动活塞方向时，吸油阀会打开；如果往复运动活塞已经建立起油压，吸油阀就关闭，这样就可保持往复运动活塞或工作活塞上的压力。

压力阀位于往复运动活塞、工作活塞和调节环路（带有过载保护阀和偶合器开度控制阀 N373）之间，这种压力阀是弹簧加载的。当超过供油压力时，压力阀就会打开，随后压力阀将油压从往复运动活塞继续传到工作活塞，与此同时压力阀打开带有偶合器开度控制阀 N373 的调节环路。当工作活塞处于盘形凸轮上的谷底时，压力阀关闭，这样就可防止朝往复运动活塞方向卸压。

7.1.3　偶合器电控部分的工作原理

电气和电子部件包括机油压力和机油温度传感器 G437、Haldex 偶合器泵 V181 和偶合器开度控制阀 N373。另外，Haldex 偶合器有专用的控制单元—全轮驱动控制单元 J492。控制单元根据机油压力和机油温度传感器 G437 的数据和来自 CAN 数据总线的行驶状态数据，来检查压力是否与偶合器片组要求的位置相当，从而可以针对具体情况对 Haldex 偶合器的开度和力的传递进行准确的调节。如果 ESP 或 ABS 介入了，那么全轮驱动控制单元 J492 会使 Haldex 偶合器脱开。偶合器电控部分系统组成如图 7-13 所示。

机油压力和机油温度传感器 G437 是一体的。机油温度是通过负温度系数元件来测量的，机油压力采用布置成全桥电路的电阻应变片元件来测量。当机油压力低于 10^4kPa 时，偶合器开度控制阀 N373 会根据具体的行驶状况调节这个压力。机油压力和机油温度传感器 G437 如图 7-14 所示。

Haldex 偶合器泵 V181 会产生供油压力，使偶合器处于预紧工作状态，因而偶合器的接合准备时间非常短。只要车辆在使用，泵就在工作，这样可使液压系统保持"已充液"状态。

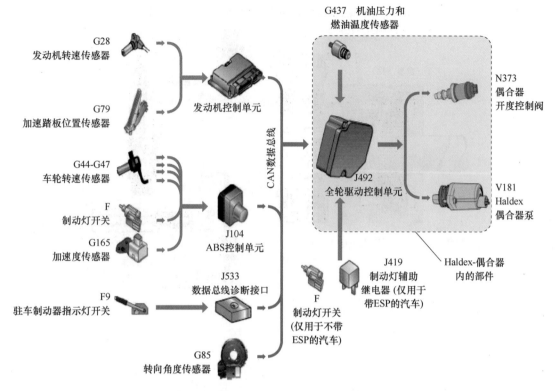

图 7-13　偶合器电控部分系统组成

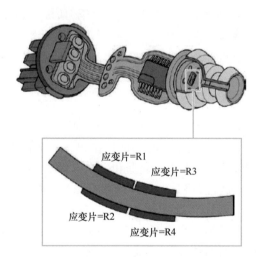

图 7-14　机油压力和机油温度传感器 G437

7.2　长城风骏 5 电控四驱故障检修

　　一辆行驶里程约 13.8 万 km、配置 491 QE 汽油发动机及 5 速手动变速器，博格华纳电控四驱的长城风骏 5 皮卡。用户反映：该车四驱系统出现故障，起动车辆后，四驱开关上的 4H 和 4L 指示灯同时亮，按下 2H、4H、4L 按键没有反应，车辆只能在两驱状态行驶，不能进入 4H 和 4L 四驱模式，如图 7-15 所示。

图 7-15　四驱故障图示

故障诊断：

1）举升车辆后起动，四驱开关上 4H 和 4L 两个指示灯同时亮。踩下离合器踏板，按下 4H 或 4L 按键，前桥电控拨叉能够挂入四驱位置，仪表 4WD 灯亮，但分动器依然在两驱状态；接着按下 2H 按键，前桥电控拨叉能够分离，4WD 灯能够熄灭，分动器依然在两驱状态。以上测试说明前桥电控拨叉能够正常动作，能在两驱和四驱之间切换，分动器只能在两驱状态，不能切换到四驱状态，所以车辆不能进入四驱模式。

2）风骏 5 车型电控四驱系统出现故障时，四驱开关上的 4H 和 4L 指示灯会同时亮，代表四驱控制系统有故障。用试灯在诊断接口端子 8 调取四驱系统故障码，获得 010 换档电动机和 119 位置编码器两个故障码。拆下换档电动机直接通电测试，换档电动机不动作，拆解换档电动机发现内部进水锈蚀，更换新的换档电动机后故障现象和故障码都没有变化。

3）风骏 5 电控四驱的换档电动机由四驱控制单元（4WD ECU）驱动，四驱开关通过 4WD ECU 端子 4、16 传递 2H、4H、4L 信号，之后 4WD ECU 控制分动器内部电磁离合器吸合，并驱动换档电动机动作，使分动器挂入两驱和四驱档位，同时 4WD ECU 通过换档电动机上的位置编码器监测换档电动机的位置。如果编码器信号出现错误，4WD ECU 将会报故障码，同时不会执行四驱开关发出的命令。风骏 5 电控四驱电路如图 7-16 所示。

4）位置编码器与换档电动机作为一体，用来连续反馈换档电动机所处的旋转角度。位置信号由四位编码组成，可以组合成 12 组编码。如图 7-17 所示，换档电动机线束插头上共有 7 根线，其中两根为电动机驱动线，另外 5 根为位置编码器线，包括 4 根位置信号线和 1 根公共回路线。正常情况下，打开点火开关，4 根位置信号线均为 5V 左右电压，电动机旋转时内部部分触点与公共回路导通，将电压拉低至 0V 左右，4WD ECU 通过识别 4 个位置信号线的高、低电位组合来判断电动机的位置。公共回路线是由 ECU 内部控制的搭铁回路，不同于普通的搭铁。在电动机不动作时，公共回路线是 5V 左右的电压，在换档电动机动作时，4WD ECU 控制公共回路线瞬间搭铁，之后断开搭铁恢复为 5V 电压。

5）因为有位置编码器的故障码，首先检查位置编码器反馈的信号是否正确。在换档电动机插头 5 根位置编码器信号线后部插入头针，在不拔插头的情况下，在 2H 状态下测量 5 根线的电压均为 5V 左右，正常；506、508、510 这 3 根线为导通状态，为正常的 2H 信号，如图 7-18 所示。

6）将前排乘员座椅下的 4WD ECU 拆下，检查线束插头，无进水、无锈蚀；断开 4WD ECU 和换档电动机插头，测量两根换档电动机驱动线、5 根位置编码器信号线，均导通，没有断路、短路、互短的情况。检查中发现线束插头插孔有过松的现象，对插孔进行处理后测试，故障依旧。

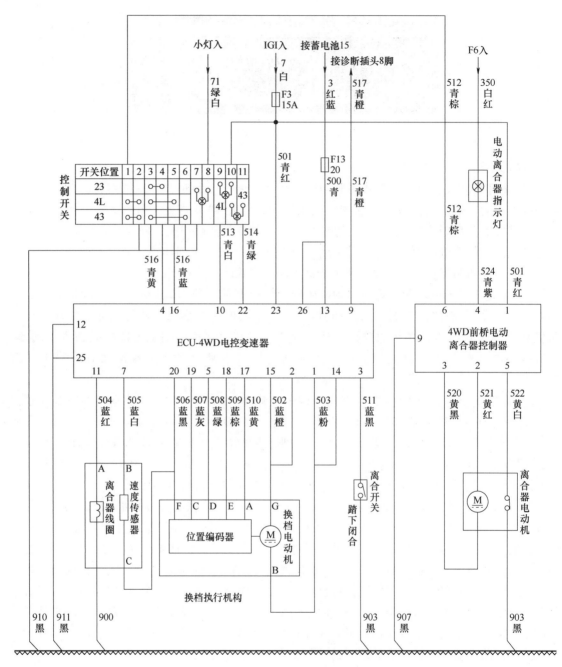

图 7-16 风骏 5 电控四驱电路

7）打开点火开关，根据电路图检查 4WD ECU 的供电和搭铁情况，测量 4WD ECU 端子 13、26 为常电，端子 23 为 IG 电，端子 12、25 为搭铁线，测量结果均正常；替换 4WD ECU 后测试，无效。4WD ECU 的端子定义如图 7-19 所示。

8）换档电动机和 4WD ECU 都已经更换新件，线束也已经测量过，故障点还是没有找到。从故障码分析，故障原因应该是 4WD ECU 监测到了错误的编码器信号后不再驱动换档电动机动作，而测量 2H 状态时编码器的导通情况是正常的，还有哪些情况没有考虑到呢？仔细查看

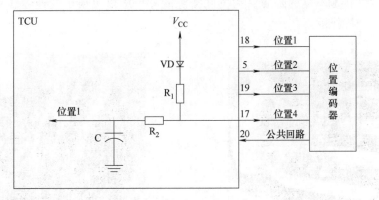

图 7-17　位置编码器信号简图

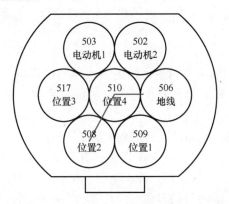

图 7-18　2H 状态下，位置编码器导通情况

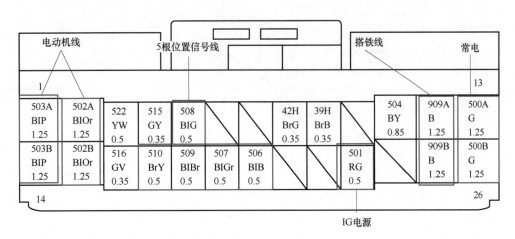

图 7-19　4WD ECU 的端子定义

电路图，与同车型电路进行比对，发现编码器信号线虽然导通，但在换档电动机插头处的排列顺序不正确，同样颜色的信号线的排列位置不一样，如图 7-20 和图 7-21 所示。

9）将信号线从插头内退出，按正确次序排列恢复。打开点火开关测试，4H 和 4L 指示灯不再亮，按下 4H 和 4L 按键，对应指示灯亮，前桥和分动器都能挂入四驱档位。由于线束老化，插头依然存在接触不良的隐患，为彻底排除故障，所以更换了变速器线束。路试，四驱功能一切正常，故障排除。

图7-20　错误的信号位置排列

图7-21　正确的信号线位置排列

故障总结：

1）由于换档电动机线束插头上的编码器信号线排列位置错乱，传递给4WD ECU的电动机位置信息发生错误，4WD ECU监测到换档电动机位置错误报故障码，同时不再驱动电动机进行动作。

2）换档电动机插头的编码器信号线排列位置发生错误，很可能是之前在维修四驱系统时，由于插头与插孔过松虚接，所以逐个将线从插孔中退出后进行处理，在插回过程中位置发生错误，故障点比较隐蔽，不易发现。在测量时，位置编码器内各触点导通情况是正常的，4WD ECU侧线束插头的位置编码器信号线对应位置也是正确的，只有换档电动机插头上的位置编码信息线位置是错误的，所以传递了错误的换档电动机位置信号。

3）在测量位置编码器信号电压时，4根位置信号线和1根公共回路搭铁线的电压都是5V，在换档电动机动作时，其中的两根位置信号线与公共回路线导通后，电压被瞬间拉低至0V，之后公共回路线断开搭铁，位置信号线和公共回路线的电压恢复为5V，其原因是这个公共回路线不是常搭铁，而是由4WD ECU内部芯片控制的搭铁回路，给编码器和速度传感器提供参考搭铁。位置编码器信号公共回路线控制原理图如图7-22所示。

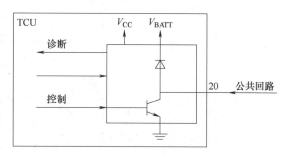

图7-22　位置编码器信号公共回路线控制原理图

7.3　小知识——奥迪Quattro四驱系统

奥迪Quattro全时四驱系统最早是军用技术，在20世纪80年代奥迪将其首次运用到量产车身上，其帮助奥迪汽车在国际赛车比赛中大放异彩。

2005年，奥迪推出了第六代Quattro全时四驱系统，如图7-23所示，其最大的改变就是中央差速器升级到了C型。

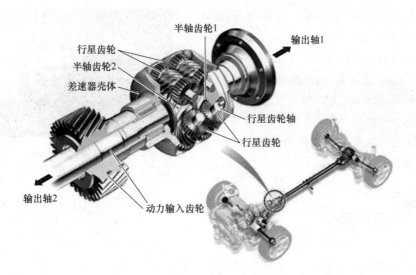

视频13
奥迪 Quattro四驱
系统的工作原理

图 7-23　第六代 Quattro 全时四驱系统

托森差速器常被称为转矩感应式差速器，它的灵敏程度是可以通过在设计时调节蜗杆齿轮斜齿的斜度来调整锁死转矩的。汽车在转弯时，由于前、后车轮的运动圆弧不等长，所以会造成转速差。这时托森差速器会自动调整蜗杆齿轮的齿形斜度，且必须依据转弯时的前、后车轮转速差来匹配，即在转弯时（前、后车轮转速差较小时）不能发生锁死情况。托森差速器工作示意图如图 7-24 所示。

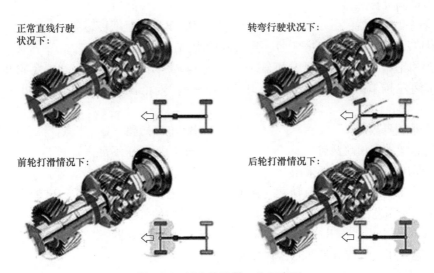

图 7-24　托森差速器工作示意图

Quattro 系统内集成了电子差速锁（Electronic Differential Lock，EDL）。这一装置会监测 4 个车轮的转速，当某个车轮因失去抓地而空转时，EDL 便会通过 ABS 给空转的车轮单独施加制动力，使得转矩通过开放式差速器传递到另一侧不打滑的车轮。

创新与突破　搭载空气悬架的红旗 HS7 SUV

红旗 HS7 SUV 全系标配 3.0 机械增压 V6 发动机，最大功率为 248kW，高配车型配有空气悬架，再搭配上全时四驱系统，在拥有充沛动力储备的基础上，不仅有着较高的通过性，还能过滤掉不平路面带来的振动。

该车采用前双横臂式/后梯形臂式多连杆设计，采用全时四驱形式，加上空气悬架抬高后的离地间隙为 245mm，辅以陡坡缓降和坡道辅助功能，足够应付大部分的越野路段。

红旗 HS7 SUV

复 习 题

一、选择题

1. 车身加速度传感器通常安装在（　　　）。
A. 发动机舱　　　　　　　　　　　　　　B. 轮胎内
C. 弹簧支柱拱顶和轮罩内　　　　　　　　D. 底盘下方

2. 车身高度传感器的作用是（　　　）。
A. 探测车辆速度　　　　　　　　　　　　B. 探测车辆高度状态
C. 探测轮胎磨损程度　　　　　　　　　　D. 探测发动机功率

3. 车身高度传感器的采样频率通常是（　　　）。
A. 20Hz　　　　　　B. 80Hz　　　　　　C. 800Hz　　　　　　D. 2000Hz

4. （　　　）可以反映非簧载质量的加速度。
A. 压缩机温度传感器　　　　　　　　　　B. 压力传感器
C. 车身高度传感器　　　　　　　　　　　D. 车身加速度传感器

5. 车身高度传感器测得的是（　　　）之间的距离。
A. 悬臂和轮胎　　　B. 悬臂和车身　　　C. 发动机和底盘　　　D. 车轮和地面

6. 当车辆左前高度传感器信号电压在 0V ~ 4.7V 范围内不变化时，可能的原因是（　　　）。
A. 传感器本身故障　　　　　　　　　　　B. 电路短路
C. 空气悬架控制模块故障　　　　　　　　D. 轮胎气压不足

7. 目前胎压监测系统主要采用（　　　）两种解决方案。
A. 直接式与间接式　B. 气压式与速度式　C. 电子式与机械式　D. 静态式与动态式

8. 直接式胎压监测系统通过（　　　）直接测量轮胎的气压。
A. 轮速传感器　　　B. 压力传感器　　　C. 温度传感器　　　D. 转速计

9. 当轮胎气压太低或有渗漏时，直接式胎压监测系统会（　　　）。
A. 自动充气　　　　　　　　　　　　　　B. 系统自动报警
C. 减慢车速　　　　　　　　　　　　　　D. 准确显示漏气的轮胎

10. 间接式胎压监测系统主要依赖（　　　）来监控胎压。
A. 压力传感器　　　B. 轮速传感器　　　C. 温度传感器　　　D. 气压表

11. 巡航控制开关一般包括（　　　）。
A. 主开关、设定/减速开关、恢复/加速开关、取消开关
B. 点火开关、启动开关、停车开关
C. 空调开关、音响开关、灯光开关

D. 电动窗开关、后视镜调节开关

12. 巡航控制系统中（　　　）可以提供车速信号。

A. 节气门位置传感器　B. 氧传感器　　　　　　C. 车速传感器　　　　D. 转向角传感器

13. 巡航控制系统中执行器的主要作用是（　　　）。

A. 调节发动机进气量　　　　　　　　　B. 调节车辆悬架刚度

C. 调节节气门开度　　　　　　　　　　D. 调节车辆转向角度

14. 自适应巡航控制系统的英文缩写是（　　　）。

A. ACC　　　　　　　B. CCS　　　　　　　C. ABS　　　　　　　D. ESP

15. 自适应巡航控制系统通过（　　　）感应前方车辆。

A. 雷达传感器　　　　B. 红外线传感器　　　C. 声波传感器　　　　D. 触觉传感器

16. 自适应巡航控制系统控制功能不包括（　　　）。

A. 记忆设定车速功能　　　　　　　　　B. 自动泊车功能

C. 设定车速调整功能　　　　　　　　　D. 取消和恢复功能

17. 在前两代的 Haldex 偶合器中，（　　　）用于建立工作油压。

A. 往复运动活塞　　　B. 工作活塞　　　　　C. 举升盘和滚轮　　　D. 机油滤清器

18. Haldex 偶合器安装在（　　　）。

A. 前桥差速器前方　　B. 后桥差速器前方　　C. 前桥差速器后方　　D. 后桥差速器后方

19. 当车轮转角差达到（　　　）时，Haldex 偶合器的摩擦片组开始传递转矩。

A. 5°　　　　　　　　B. 10°　　　　　　　C. 15°　　　　　　　D. 20°

20. Haldex 偶合器由（　　　）组成。

A. 机械部件、液压部件、电子部件

B. 摩擦片、工作活塞、偶合器壳体

C. 往复运动活塞、机油滤清器、过载保护阀

D. 压力阀、吸油阀、调节环路

二、填空题

1. 电控悬架系统能够自动调节_____和_____，以满足不同路况和驾驶需求。

2. 磁流变减振器通过_____产生磁场，改变磁流变液体的阻尼力。

3. 奥迪 A8 的自适应空气悬架采用_____装置，实时监测车轮和车身的运动状态。

4. 电控悬架系统提高了汽车的_____和_____。

5. 奥迪 A8 的储气罐用于存储_____，以供空气弹簧使用。

6. 直接式胎压监测系统利用安装在每一个轮胎里的_____来直接测量轮胎的气压。

7. 间接式胎压监测系统通过汽车_____系统的轮速传感器来比较轮胎之间的转速差别，以达到监控胎压的目的。

8. 巡航控制系统的传感器中，_____传感器信号可同时用于发动机控制和自动变速器控制。

9. 巡航控制 ECU 具有记忆设定车速、等速控制、设定车速调整、取消和恢复功能，以及_____控制功能。

10. 巡航控制系统的执行器根据_____来控制节气门的开度。

11. 电控四驱系统分为_____、适时四驱和全时四驱。

12. 分时四驱是一种驾驶人可以在两驱和四驱之间通过_____进行选择的四轮驱动系统。

13. 适时四驱是只有在_____的时候才会出现的四轮驱动系统。

14. 全时四驱是汽车在行驶的任何时间所有车轮全部_____运动。

三、判断题

1. 磁流变液体产生的阻尼力大小与输入电流强度无关。　　　　　　　　　（　　）

2. 空气弹簧伸缩囊出现故障时，可以单独更换。　　　　　　　　　　　（　　）

3. 在奥迪 R8 的电磁减振系统中，电流强度的变化不会影响减振效果。　（　　）

4. 空气弹簧的铝制圆筒的主要作用是装饰，对空气弹簧的性能没有影响。（　　）

5. 间接式胎压监测系统能显示各条轮胎准确的瞬时气压值。　　　　　　（　　）

6. 当车速低于 32km/h 时，凯迪拉克 CTS 的胎压传感器进入"行驶"模式。（　　）

7. 胎压监测系统传感器模块内不包含加速度传感器。　　　　　　　　　（　　）

8. 大众间接式胎压监测系统是一个集成在 ABS 控制器中的扩展软件功能。（　　）

9. 自适应巡航控制系统是一种智能化的自动控制系统，它是基于已有的巡航控制技术发展而来的。　　　　　　　　　　　　　　　　　　　　　　　　　　　　　（　　）

10. 自适应巡航控制系统通过安装在车头的雷达传感器感应前方车辆。　（　　）

11. 自适应巡航控制系统在任何情况下都能完全替代驾驶人进行制动操作。（　　）

12. 如果自适应巡航控制系统探测范围内没有车辆，系统会保持设定车速行驶。（　　）

13. 自适应巡航控制系统施加的制动足以使车辆与任何突然闯入的障碍物之间达到设定的巡航车距。　　　　　　　　　　　　　　　　　　　　　　　　　　　　　　（　　）

14. 电控四驱系统能降低四驱汽车的成本，同时为用户带来良好的燃油经济性。（　　）

15. 前两代的 Haldex 偶合器利用前、后桥的速度差来制造泵效应。　　（　　）

16. Haldex 偶合器由机械部件、液压部件和电子（和电气）部件 3 部分组成。（　　）

四、问答题

1. 电控悬架系统如何通过自动调节弹簧刚度和减振器阻尼力来适应不同的路况和驾驶需求？请解释这种调节对车辆的操控性和乘坐舒适性有何影响。

2. 在自适应巡航控制系统中，执行器如何根据 ECU 的控制信号来调节节气门的开度，以实现车速的自动控制？请阐述其工作原理及在实际驾驶中的应用场景。

3. 直接式胎压监测系统如何通过压力传感器直接测量轮胎的气压？请说明这种监测系统的优点及其在提高行车安全方面的重要性。

4. 请详细解释电控四驱系统中的分时四驱、适时四驱和全时四驱的工作原理及其各自适用的场景。

项目三 ◀◀◀

汽车电控转向系统的构造原理与检修

任务八 电动助力转向(EPS)系统的检修

引言 ◀

电动助力转向(Electric Power Steering,EPS)系统是在传统机械转向机构的基础上发展起来的。

知识目标 ◀

1. 了解电动助力转向系统的结构与工作原理。
2. 掌握电动助力转向系统的控制原理。

能力目标 ◀

1. 能够制订电动助力转向系统的故障检修计划。
2. 能够按照故障检修计划对电动助力转向系统进行检修。
3. 能够解决学习和实践中的实际问题。

8.1 电动助力转向系统的种类

根据电动机驱动部位的不同,可将电动助力转向系统分为 3 类:

1)转向柱助力式电动助力转向系统。其转矩传感器、电动机、离合器和转向助力机构组成一体,安装在转向柱上。

2)小齿轮助力式电动助力转向系统。其转矩传感器、电动机、离合器和转向助力机构仍为一体。

3)齿条助力式电动助力转向系统。如图 8-1、图 8-2 所示,其转矩传感器单独安装在小齿轮处,电动机与转向助力机构一起安装在小齿轮另一端的齿条处,用以给齿条助力。

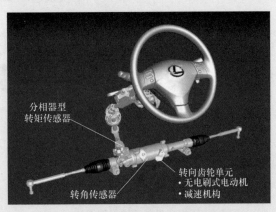

分相器型
转矩传感器

转向齿轮单元
· 无电刷式电动机
· 减速机构

转角传感器

图 8-1　齿条助力式电动助力转向系统

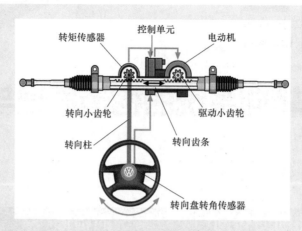

图 8-2　齿条助力式电动助力转向系统的结构

8.2　电动助力转向系统的组成

8.2.1　转矩传感器

　　磁性转子和转向柱连接块一体，磁阻传感元件和转向小齿轮连接块一体，当转动转向盘时，转向柱连接块和转向小齿轮连接块反向运动，即磁性转子和磁阻传感元件反向运动，因此转向力（矩）的大小可以被测量出来并传递给控制单元。图 8-3 所示为转向柱连接

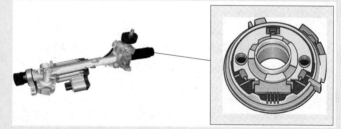

图 8-3　转矩传感器位置示意图

转矩传感器位置示意图，图 8-4 所示为转矩传感器工作原理图。

　　如果信号失效，转向助力系统将关闭，但并不是马上关闭，而是一个柔软的逐步的过程。在此过程中，转向力的大小由控制单元通过电动机转子角度和转向盘转角等信号计算出的值代替，同时转向故障警告灯亮起，如图 8-5 所示。

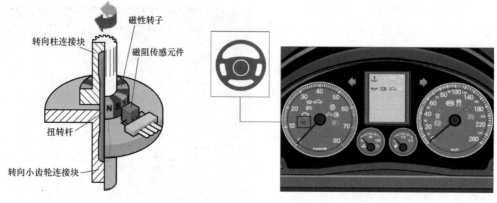

图 8-4　转矩传感器工作原理图　　　　　　　图 8-5　转向故障警告灯

8.2.2　转角传感器

转角传感器安装在转向柱上，转向开关与转向盘之间，与安全气囊时钟弹簧集成为一体。通过 CAN 总线将转向盘转角信号传递给转向柱电控单元。

信号失效时，应急运转模式起动，由替代值代替，电动助力转向依然起作用，只是故障指示灯常亮。图 8-6 所示为转角传感器安装位置，图 8-7 所示为转向控制单元。

图 8-6　转角传感器安装位置

转角传感器的结构如图 8-8 所示。将结构简化一下，如图 8-8a 带孔模板 1 和模板 2，光源在两板之间，光学传感器在两板之外。光束通过孔隙照到传感器上，产生电压信号。如果光线被挡住，电压消失。

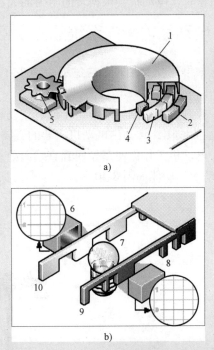

图 8-7　转向控制单元

图 8-8　转角传感器的结构

1—编码盘　2、4—光学传感器　3、7—光源　5—整圈计数器
6——侧的电压信号　8—另一侧的电压信号
9—间距不均匀的模板　10—间距均匀的模板

移动模板产生两个不同的电压序列。其中一个模板因孔隙间隔一致，产生的电压信号是规则信号，如图8-9所示。另一块模板因不规则间隙生成不规则信号。比较两个信号，系统可以计算出模板移动的距离。由不规则板确定运动的起始点。

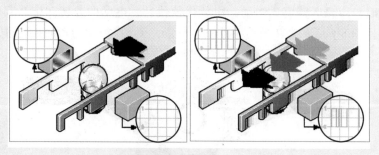

图8-9　转角传感器工作原理

8.2.3　电动机的电源

由于目前汽车蓄电池的电压大部分是12V，助力电动机的功率非常有限。为了提高转向助力的力矩，有些车辆电动机的电源为27~34V的三相交流电压。其EPS ECU中专门设置有提升电压的逆变器和电感储能线圈，类似三相桥式，能将蓄电池的电压转为27~34V。驾驶人操纵转向盘时，电动机会根据转向阻力的大小自动输出27~34V的可变电压。

8.3　电动助力转向系统的主动回正功能

1）如果驾驶人在转弯的过程中减少了施加在转向盘上的力，旋转杆上的扭转力相应减小。

2）控制单元根据转向力、车速、发动机转速、转向角度、转向速度和存储在控制单元中的特性曲线图，评估出电动机需要的必要的回正力。

3）电动机工作促使车轮回到直线向前行驶的方向，回到中心位置。

主动回正功能如图8-10所示。

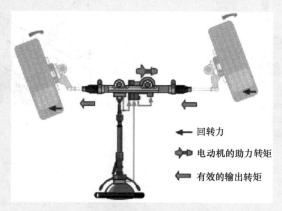

图8-10　主动回正功能

8.4　电动助力转向系统故障检修

故障现象：北京现代朗动 EPS 系统故障灯亮，转向盘转动沉重。客户在驾驶该车期间出现了仪表上 EPS 系统故障灯亮和转向时转向盘转动沉重的现象，于是要求对车辆进行检修。

故障诊断：北京现代朗动车型配置的电动助力转向系统在韩系车中被称为 MDPS 系统。该系统属于转向柱类型，转向驱动电动机安装在转向柱上，转向机配置普通的机械式齿轮齿条式转向机。MDPS 系统包括转向驱动电动机、MDPS 控制单元和转向角度及转矩传感器，这些部件都集成在转向柱总成上。

使用现代汽车的专用诊断仪 HI-DS 对故障车辆的 MDPS 系统进行自诊断，读取的故障码是 C1290 转矩主信号故障，转矩主信号故障如图 8-11 所示。当 MDPS 控制单元检测到的转向角度转矩传感器的信号超出正常范围时，系统就会记忆 C1290 的故障码，同时系统进入失效保护模式限制转向驱动电动机的工作并使仪表盘上的 EPS 系统故障灯亮。维修技师将故障码记录下来以后，进入数据流菜单中读取 MDPS 系统的相关数据流，其中主要的数据为 ECU 温度 217℃，电动机温度 217℃，电动机目标转矩 0N·m，转向角转矩 0N·m，转向盘转角速度传感器-0.1°，转向速度 0deg/s，电动机电流 0A，目标电动机电流 0A，如图 8-12 所示。上述实测的数据流几乎都是不正常的。ECU 温度是指 MDPS 控制单元的温度，电动机温度是指 MDPS 系统驱动电动机的温度，这两个温度值通常为-40~80℃，一旦温度超过 85℃，系统就会认为当前温度过高。

图 8-11　转矩主信号故障

图 8-12　传感器数据流

电动机目标转矩值是 MDPS 系统计算出的电动机补偿转向的目标值，这个数据是随驾驶人转动转向盘而变化的。而转向角转矩反映转向盘的实际转动转矩，正常的数据最大范围是 6~8N·m。在对故障车辆的实际测量中，上述两个转矩的数值一直是处于 0N·m 的状态。转向盘转角速度传感器的数据反映的是转向盘的转角角度，该数据同样会随着转向盘的转动角度发生相应的变化，不过当转向盘转角速度传感器故障时，该数据就会被固定在-0.1°。转向速度数据显示的是转向盘旋转角度的速度，这个数据同样是随着转向盘的转动而变化的，如果转向盘转角速度传感器发生故障，这个数据会被固定在 0deg/s。电动机电流是 MDPS 系统测量的转向驱动电机的实际电流，目标电动机电流是 MDPS 系统计算机械摩擦后的电动机电流值，这两个数据在正常情况下的变化是比较接近的。由于当前车辆的 MDPS 系统处于失效保护模式，所以这两个数据都显示为 0A。图 8-12 所示为传感器数据流。

通过对故障车辆数据流的分析，基本上可以确认是 MDPS 系统的转向角度及转矩传感器出现了故障。这是由两个传感器集成到一块的组件，同时该传感器与转向柱集成到一块，所以在更换时，只能更换全新的转向柱总成。图 8-13 所示为更换的转向柱总成。

按照车辆的 VIN 订购正确的配件，到货后将新转向柱安装到车辆上，并使用诊断仪进行转角传感器及转矩传感器初始位置学习，完成后再次读取系统的数据流。这时显示的数据：ECU 温度为 31℃，电动机温度为 33℃，电动机目标转矩为 15N·m，转向角转矩为 2.2N·m，转向盘转角速度传感器为−82°，转向速度为 82deg/s，电动机电流为−22A，目标电动机电流为−22A。这些数据只是在转向盘转到某一个角度的数据（图 8-14）仅供参考，实际操作时，上述数据一直是处于变化状态。

图 8-13 更换的转向柱总成

图 8-14 修复后的数据流

故障总结：只要是读取到 C1209 这个故障码就可以考虑更换 MDPS 转向柱总成了。其原因是转角传感器及转矩传感器的信号传送出现了问题，可是厂家并不提供单独的配件和维修转向柱总成，所以只能更换全新的 MDPS 转向柱总成。另外，在维修中要特别注意的是 MDPS 转向柱总成上的控制单元和驱动电动机不可以与同型号转向柱总成上的控制单元和驱动电动机进行互换，一旦单独互换这些配件，就可能会导致两个转向柱总成都损坏。更换新的 MDPS 转向柱总成以后，需要使用原厂的诊断仪对转向角度及转矩传感器进行初始位置学习，而对于个别车型还需要进行变量编码的匹配，具体根据实际维修的车型及年份而定。

8.5 小知识——各种助力转向系统对比

1. 车辆转向助力类型的查询

要了解车辆的转向助力类型，最简单的方法就是在报价库里面查找。车辆转向助力类型属于底盘转向参数。

2. 转向助力系统的应用

30 万元以下级别的车辆，既有采用液压助力的车型也有采用电动助力的车型。可见这两种转向助力系统在中低端车市场共存。液压助力系统经过多年发展，成本已经很低廉，而在中低端市场，车型价格是影响其市场竞争力的主要因素，所以中低端车倾向采用液压助力系统。

超过 30 万元的家用轿车更多地使用转向电动助力转向系统（俗称电子助力）。电动助力是通过电动机进行助力的，因而可以通过电子系统的调节实现随速助力可变这项功能。而且电动助力不直接损耗发动机动力，也可成为一种降低油耗的措施。

SUV 越野车更倾向于使用液压助力系统。奔驰 G 级采用的是电子液压助力系统而悍马 H2 采用的是机械液压助力系统。SUV 的助力转向系统负载较大，需要功率较大的助力系统。如果采用电动助力电动机进行助力，电动机必须做得很大（一般来说电动机体积越大，输出功率越大），导致电动机布置变得困难，所以大型 SUV 多使用液压助力系统。

3. 不同助力转向系统的简单判断方法

不同种类的助力转向系统可以通过转向盘转动手感轻重和手感大致判别出来。转向盘转动手感轻重根据厂商调节的不同而有所区别，也有手感很重的电动助力和手感很轻的液压助力的存在。

1）在车辆低速行驶时，转向盘转动手感很轻，仅用一根手指或仅用很小的力就能转动转向盘的，车辆配置的就是电动助力转向系统。

2）在车辆低速行驶时，转向盘转动手感较重，且回正力矩较大的，车辆配置的就是液压助力转向系统。

除此以外，液压动力转向系统在发动机舱会设置一个转向储液罐，上面一般会印有一个转向盘的标志，这是电动助力转向系统没有的。结合上面提到的转向盘转动手感轻重就能大致判断出助力转向系统的类型了。

视频14
机械液压助力转向与
电动助力转向的对比

任务九　四轮转向系统的认知

引言

采用四轮转向（Four-wheelSteering，4WS）系统的汽车在转向时，后轮可相对车身主动转向，使汽车的4个车轮都能起转向作用，以改善汽车的转向机动性、操纵稳定性和行驶安全性。

知识目标

1. 了解四轮转向系统的分类。
2. 掌握四轮转向系统的组成和工作原理。

能力目标

1. 能够制订四轮转向系统的故障检修计划。
2. 能够按照故障检修计划对四轮转向系统进行检修。
3. 能够解决学习和实践中的实际问题。

9.1　四轮转向系统的优点和分类

9.1.1　四轮转向系统的优点

1）转向能力强。车辆在高速行驶和在湿滑路面上行驶时的转向特性更加稳定和可控。

2）转向响应快。在整个车速变化范围内，汽车对转向输入的响应更迅速和准确。

3）直线行驶稳定性好。在高速工况下，汽车的直线行驶稳定性提高，路面不平度和侧风对车辆行驶稳定性的影响减小。

4）换车道时稳定性好。汽车高速行驶换车道的稳定性提高。

5）低速机动性好。低速时，后轮朝前轮偏转方向的反向偏转，使汽车转弯半径大大减小，因而更容易控制。

9.1.2 四轮转向系统的分类

（1）按转向方式分

1）同相位转向：改善汽车高速行驶的操纵稳定性。

2）逆相位转向：减小汽车的转弯半径。

（2）按后轮转向机构控制和驱动方式分

按后轮转向机构控制和驱动方式的不同分为机械式、液压式、电控机械式、电控液压式和电控电动式等几种类型。目前使用最广泛的4WS系统为电控液压式，主要用于前轮采用液压助力转向系统的汽车。

（3）按前、后轮的偏转角和车速之间的关系分

1）转角传感型。前轮和后轮的偏转角度之间存在一定的应变关系，即后轮可按前轮偏转方向做同向偏转，也可做反向偏转。

2）车速传感型。根据事先设计的程序，当车速达到某一预定值（通常为35～40km/h）时，后轮与前轮同方向偏转；低于某一预定值时，后轮与前轮反方向偏转。

9.2 四轮转向系统的转向特性

1. 低速时的转向特性

两轮转向（前轮转向操纵）车辆的情况是后轮不转向，所以转向中心大致在后轴的延长线上。四轮转向汽车的情况是对后轮进行逆向转向操纵，转向中心比两轮转向车辆的超前，并靠近车体处。在低速转向时，若前轮转向角相同，则四轮转向车辆的转弯半径更小，内轮差也减小，所以转向性好。对小型客车而言，如果后轮逆向转动5°，则可减小最小转弯半径约0.5m，内轮差0.1m。

当汽车车速低于29km/h时，转动转向盘，后轮会产生与前轮转向相反的转动；当车速为零时，后轮最大转向角是6°。后轮转向角减小的程度随车速变化而变化，在29km/h时后轮转角几乎为零。低速时转向特性如图9-1所示。

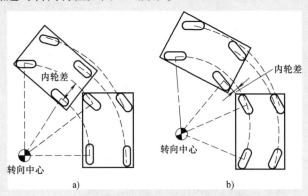

图9-1 低速时转向特性

a）两轮转向车辆 b）四轮转向车辆

2. 高速时的转向特性

直行汽车的转向实际上是两个运动的合成，即汽车的质心点绕改变前进方向的转向中心的公转和绕质心点的自转运动。

两轮转向车辆高速转向时的运动状态：前轮转向时，前轮产生侧偏角 α 并且产生旋转向心力使车体开始自转。当车体出现偏向时，后轮也出现侧偏角 β，且产生旋转向心力。4 个车轮分担自转和公转的力，一边平衡一边转向。但是，车速越高，离心力越大，所以必须给前轮更大的侧偏角，使它产生更大的旋转向心力。为了使后轮产生与此相对应的侧偏角，车体会产生更大的自转运动。但是，车速越高，车体的自传运动越不稳定，容易引起车辆的旋转或侧滑。高速时两轮转向的转向特性如图 9-2 所示。

理想的高速转向的运动状态是尽可能使车身的倾向和前进方向一致，以防多余的自转运动。在四轮转向车辆上通过对后轮的同向转向操作，使后轮也产生侧偏角 α，使它与前轮的旋转向心力平衡，从而抑制自转运动。这样就有可能得到车身方向与车辆前进方向一致的稳定转向状态。

当车速升至大于 29km/h 时，转向盘在最初的 200° 转角内后轮转向与前轮一致。在这个车速范围内，转向盘转角大于 200° 时，后轮会与前轮转向相反方向偏转。当车速提高到 96km/h 且转向角为 100° 时，后轮将会与前轮相同方向转动约 1°。此时转向盘转动 500°，后轮将会沿前轮相反方向转动大约 1°。高速时两轮转向与四轮转向的转向特性比较如图 9-3 所示。

视频15
四轮转向系统
的特点

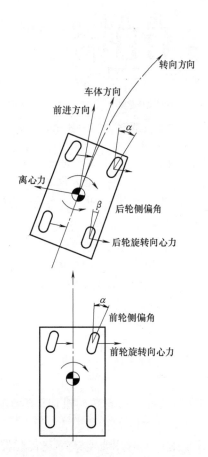

图 9-2　高速时两轮转向的转向特性

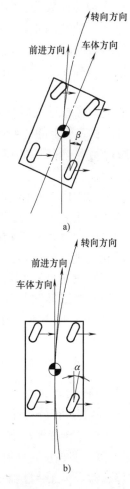

图 9-3　高速时两轮与四轮转向特性比较
a）两轮转向　b）四轮转向

9.3　四轮转向系统的组成和工作原理

9.3.1　四轮转向系统的基本结构和工作原理

四轮转向系统的前轮采用传统转向系统，后轮采用直接助力式电动转向系统。

转向时，前轮转角、车速、横摆角速度传感器等信号送入ECU进行分析计算，ECU确定后轮转角并向步进电动机输出驱动信号，通过后轮转向机构驱动后轮偏转以适应前轮转向，实现四轮转向。四轮转向系统的结构如图9-4所示。

转向时，传感器将前轮转向的信号和汽车运动的信号送入ECU，ECU进行分析计算，向步进电动机输出驱动信号，步进电动机动作，通过后轮转向机构控制驱动后轮偏转。同时，ECU实时监视汽车状况，计算目标转向角与后轮实际转向角之间的差值，来实时调整后轮的转角。这样，可以根据汽车的实际运动状态，实现汽车的四轮转向。系统设有两种转向模式，既可进入四轮转向状态，也可保持传统的两轮转向状态，驾驶人可通过驾驶室内的转向模式开关进行选择。当四轮转向汽车在行驶过程中电子控制系统出现故障时，后轮自动回到中间位置，汽车自动进入前轮转向状态，保证汽车像普通前轮转向汽车一样安全地行驶。同时，仪表板上的"4WS"指示灯亮，警告驾驶人，故障情况被存储在ECU中，以便于维修时检码。

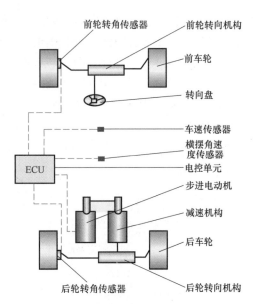

图9-4　四轮转向系统的结构

上述的电控电动式四轮转向系统后轮转向装置属于车速感应型，其工作特点是后轮偏转的方向和转角大小主要受车速的控制，同时也响应前轮转角、横摆角速度的变化。ECU根据设定的控制策略，通过程序控制，实现汽车的四轮转向。在低速行驶或者转向盘转角较大时，前、后轮实现逆相位转向，且后轮偏转角度随前轮转角增大而在一定范围内增大。这种转向方式可改善汽车低速时的操纵轻便性，减小汽车的转弯半径，提高汽车的机动灵活性。在中、高速行驶或转向盘转角较小时，前、后轮实现同相位转向。使汽车车身的横摆角速度大大减小，可减小汽车车身发生动态侧偏的倾向，提高汽车高速行驶的操纵稳定性。

9.3.2　四轮转向系统的主要部件

（1）传感器　传感器的功用是检测汽车转向时的有关运动物理量，并转换成电信号，输入到ECU中，供其进行分析计算。

1）前、后轮转角传感器。前、后轮转角传感器分别安装在前、后轮转向机构靠近车轮的一侧，采用非接触型霍尔元件传感器，用来检测前、后车轮的瞬时偏转角。

2）车速传感器。车速传感器安装在车速里程表的转子附近，采用光电式车速传感器，将汽车前进速度检测出来，以脉冲信号的形式输出，送入四轮转向系统ECU，同时将电信号输入到自动变速器ECU。

3）车身横摆角速度传感器。车身横摆角速度传感器安装在汽车质心处的车身上，采用压电射流角速度传感器，检测汽车转向行驶时的车身横摆角速度，以电信号的形式输入ECU，ECU输出控制信号，实时控制汽车的转向运动，保证汽车转向行驶时的动态稳定性。

（2）电控单元（ECU） ECU是4WS系统的核心，其功用是根据制订的控制方案，按照编制的程序对各种传感器输入信号进行分析、计算、处理，输出一定的控制信号指令，驱动步进电动机动作。4WS系统ECU主要由输入信号调理电路、微处理器、输出信号处理电路、电源电路等硬件部分和控制程序、软件平台等软件部分组成。为保证控制系统可靠地工作，电控单元还必须采取有效的抗干扰措施和故障自诊断处理措施。

（3）步进电动机 电动机采用步进电动机，其功用是根据ECU的指令输出适宜的转矩和转角，驱动后轮转向机构，控制后轮的转向，是后轮转向系统中的驱动执行元件。步进电动机是一种数字控制电动机，将数字式电脉冲信号转换成角位移，控制性能好，非常适合于单片机控制。采用步进电动机的主要优点：步进电动机的角位移与输入脉冲数严格成正比，随动性好，可与角度反馈环节组成高性能的闭环数控系统；动态响应快，易于实现起停、正反转及变速；具有自锁和保持转矩能力；结构简单，坚固耐用，抗干扰能力强。

9.4 小知识——四轮转向发展历史

四轮转向的历史可以追溯到20世纪初。1907年，戈特利布·戴姆勒的儿子工程师保罗·戴姆勒设计了一辆全轮驱动四轮转向的汽车，叫DernburgWagen。

四轮转向技术在乘用车领域大放异彩的时间是20世纪90年代，以日本厂商的运动型车居多。

1987年，本田公司推出第三代Prelude，这是基于雅阁平台的一款双门运动轿车，竞争对手是丰田赛利卡、日产Silvia等运动车型。其装配了B20A系列2.0升四缸发动机和四速自动/五速手动变速器，并采用了一套机械式四轮转向装置，转向盘通过长长的拉杆直接控制后桥的转向机。1992—2001年的四、五代Prelude车型把机械式四驱系统换装了电控四轮转向。图9-5所示为本田Prelude汽车。

图9-5 本田Prelude汽车

1989年诞生的马自达MX-6的GT和GE版本上也使用了电控的四轮转向系统。一直到1998年第二代MX-6退出市场，电动四轮转向都没有被马自达汽车抛弃，马自达公司称其显著提升了MX-6这辆前驱双门运动轿车在刁钻弯角中的转向能力。

三菱GTO汽车于1990年开始使用这项技术。不同于前述两款前驱双门四座运动轿车，三菱GTO汽车是地地道道的双门双座跑车，是三菱公司与克莱斯勒公司合作的产物，和道奇Stealth是双生车型。3.0V6发动机、四轮驱动、四轮转向带来的运动性让其大受改装爱好者欢迎。

1992年，马自达公司在其旗舰轿车929上开始使用四轮转向系统。2008年推出的第五代宝马7系（图9-6）上也部分配置了四轮转向系统。

2013年，保时捷911GT3汽车带着四轮转向技术高调出场。GT3之后，911Turbo（图9-7）系列也开始用上了四轮转向技术。

图9-6　宝马7系汽车

图9-7　保时捷911Turbo汽车

奥迪新Q7也配备了四轮转向系统，四轮转向系统的加入不但提高了运动性，科技感上也增色不少。

显然，要想实现四轮转向，就不得不在后轴上增加一整套转向机、转向拉杆，并需要诸多传感器监控车辆状态，这增加了车辆的复杂性，发生故障的概率也就更大。

另一方面，发展起来的ESP、TC等电子系统以及能实现左、右轮动力分配的四驱系统，都在一定程度上替代了后轮转向的功能，通过将动力分配给外侧车轮或对内侧车轮进行一定程度的制动，都能主动给车辆带来一定的偏驶角度，既能实现辅助过弯的功能，又能降低重量和复杂性。

任务十　线控转向系统的检修

引言

线控转向系统是继电动助力转向（EPS）系统后发展起来的新一代转向系统，它具有比EPS系统更好的操纵稳定性。在线控转向系统中，转向盘和转向轮之间不再采用机械连接，摆脱了传统转向系统固有的限制，给驾驶人带来方便的同时提高了汽车的安全性。

知识目标

1. 了解线控转向系统的构造与工作原理。
2. 掌握线控转向系统的控制原理。

能力目标

1. 能够制订线控转向系统的故障检修计划。
2. 能够按照故障检修计划对线控转向系统进行故障检修。
3. 能够解决学习和实践中的实际问题。

10.1　英菲尼迪线控转向系统的结构

英菲尼迪线控转向系统的构成与传统转向系统结构类似，如图10-1所示，也是由转向盘、转向柱、转向机组成。不同之处在于它多了 3 组 ECU（电控单元）、转向盘后的转向动作回馈器、离合器和自动防故障系统、电源等辅助系统等。

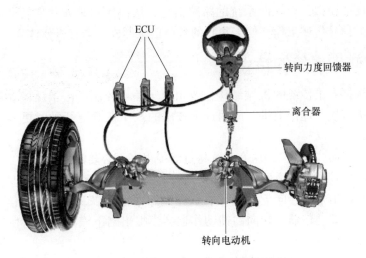

视频16
线控转向系统
结构和特点

图 10-1　英菲尼迪线控转向系统的结构

10.1.1　前轮转向模块

前轮转向模块包括前轮转角传感器、转向执行电动机、电机控制器和前轮转向组件等。其功能是将测得的前轮转角信号反馈给主控制器，并接受主控制器的命令，控制完成转向盘要求的前轮转角，实现驾驶人的转向意图。

10.1.2　主控制器

主控制器对采集的信号进行分析处理，判别汽车的运动状态，向转向盘回正电动机和转向电动机发送命令，控制两个电动机协调工作。主控制器还可以对驾驶人的操作指令进行识别，判定在当前状态下驾驶人的转向操作是否合理。当汽车处于非稳定状态或驾驶人发出错误指令时，前轮线控转向系统将自动进行稳定控制或将驾驶人错误的转向操作屏蔽，以合理的方式自动驾驶车辆，使汽车尽快恢复到稳定状态。

10.1.3　转向盘模块

转向盘模块包括转向盘组件、转向盘转角传感器、力矩传感器和转向盘回正力矩电动机。其主要功能是将驾驶人的转向意图（通过测量转向盘转角）转换成数字信号并传递给主控制器，同时主控制器向转向盘回正电动机发送控制信号，产生转向盘回正力矩，以提供给驾驶人相应的路感信息。

10.1.4　自动防故障系统

自动防故障系统是线控转向系统的重要模块，它包括一系列的监控和实施算法，针对不同的故障形式和故障等级做出相应的处理，以求最大限度地保持汽车的正常行驶。故障的自动检测和自动处理是线控转向系统最重要的功能之一，它采用严密的故障检测和处理逻辑，以最大限度地提高汽车安全性能。

10.2　英菲尼迪线控转向系统的工作原理

驾驶人通过操纵转向盘，把转角和转矩信号传给主控制器，主控制器接收车辆状态信息并按照预设程序对转角和转矩信号进行处理，输出激励信号给转向执行电动机，以使车辆转向；路感反馈信号被传给主控制器，主控制器对其处理后向路感反馈电动机发出激励信号，路感反馈电动机便能模拟传统转向系统的路感信息，从而使驾驶人获取转向路感。车载网络承担了整个系统的信号传递工作，使采集到的各个信号形成一个有机整体。

10.3　线控转向系统的特点

线控转向系统摒弃了传统的机械结构，改由电子信号控制，由于反应速度快，可以让驾驶人的操控感受更直接，理论上讲，应用这项技术的汽车在弯道行驶时更容易达到理论上的最佳行驶路线。

没有了机械连接的"负担"，这套系统将过滤掉很多不必要的振动，即当汽车行驶在崎岖路面，特别是车辙比较明显的道路上行驶时，转向盘不会再因路面的剧烈变化而产生过度振动，驾车人能更平稳地把控转向盘。ECU 在收集到路面情况以及车辆跳动信息后，会发送电子信号指令给转向回馈动作器，转向回馈动作器会模拟出当下汽车行驶时所处的环境所需的回馈力度。

线控转向系统去除了转向柱等机械连接，完全避免了事故中转向柱对驾驶人的伤害；智能化的 ECU 根据汽车的行驶状态判断驾驶人的操作是否合理，并做出相应的调整；当汽车处于极限工况时，能够自动对汽车进行稳定控制。当电子系统出现故障时，可以手动操纵车辆，因为进行控制的 ECU（电控单元）设置了 3 组，互相起到备用功能，一组出现问题马上就会有备用系统发挥作用。如果 3 组全部出现故障，转向柱与转向机间的离合器会立即接合，形成与传统转向系统相同的结构，以保证正常驾驶。

线控转向系统可以与驾驶模式选择功能协同工作，为驾驶人提供 4 种不同的预设驾驶模式和 1 个自定义驾驶模式选择功能。这样可以让驾驶人依照不同的驾驶习惯以及路面情况改变汽车转向系统的反应。此外，线控转向系统还可以与车道保持系统配合工作。当位于汽车内后视镜后部的摄像头发现汽车偏离车道时，线控转向系统会适时启动并自动输入转向信号，帮助汽车回到正确的行驶轨迹上，从而避免事故的发生，如图 10-2 所示。

图 10-2　线控转向系统与车道保持系统协同工作

10.4　线控转向系统检修

1. 故障现象

一辆智能驾驶功能验证车在闲置一段时间后再次使用时，能够正常上电，但车辆无法完成自检，操纵转向按钮时，转向系统无响应。

2. 故障排查

根据故障现象，结合线控转向系统电路（图 10-3），首先查看线控转向控制器工作情况。经检查转向控制器电源指示灯亮绿灯，控制器供电正常。在手动模式下，选用遥控器操作，驱动和制动正常但是转向无响应，因此可以排除遥控器、接收器和底盘 ECU 以及之间的 CA10 数据总线的故障。

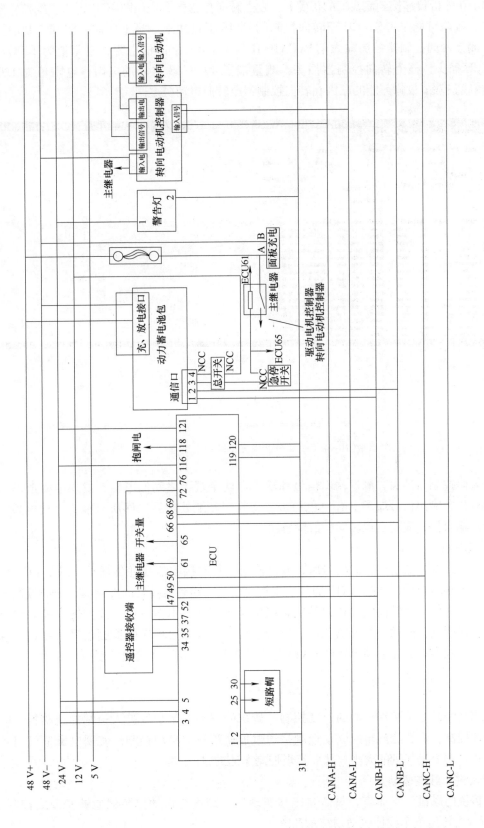

图 10-3　线控转向系统电路

将 CA10 分析仪连接到底盘 CA10 线上，发送转向控制指令，如图 10-4 所示，线控转向系统无响应，故障可能在底盘 ECU 至转向控制的 CA10 通信线上。拔下转向、驱动、制动控制器插头，测量转向控制器插头输入信号 CA10-H 与 CA10-L 之间的电阻，电阻值为 120Ω。拔下底盘 ECU 插头，插上转向控制器插头，测量端子 49 和 68 之间的电阻，电阻值为 120Ω，CA10 通信线正常。故障可能的原因在转向控制器至转向电动机之间。

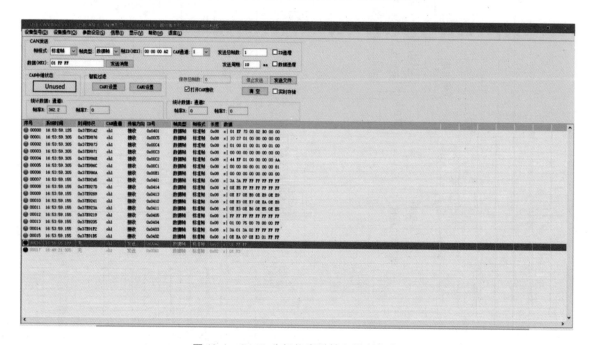

图 10-4　CA10 分析仪发送转向控制指令

拔下转向控制器插头，测量输出信号和输出电两个端子之间的电阻，发现电阻值不断变化。仔细观察，输出信号端子上有白色粉末，将其用砂纸处理后插回所有插头。通电后，再次测试，车辆自检，成功实现转向，故障解决。

3. 故障分析

本案例中，遥控器发出转向信号后，通过转向接收器接收信号并传递给 ECU，ECU 计算出所需的转角和转矩后，通过 CA10 通信线将控制信号传递到线控转向控制器，转向控制器再通过信号线发送信号至转向电动机，控制转向电动机工作。本案例中，线控转向控制器至转向电动机之间的通信线插头处有氧化物，形成虚接，导致无法将转向控制信号可靠地传递给转向电动机，故而造成在手动模式和 CA10 分析仪控制时出现不能转向的现象。

10.5　小知识——汽车线控底盘

线控驱动的核心是实现车辆的速度控制。传统的驱动控制是驾驶人控制加速踏板，实现汽车的速度控制；而智能汽车的驱动控制是通过加速踏板的自动控制，实现电子节气门开度的自动调整，调节进气量的大小，从而实现控制车速的目的。

1. 传统汽车线控驱动

对于传统内燃机汽车而言，只需要能够实现加速踏板的自动控制就能够实现线控驱动。图 10-5 所示为传统汽车线控驱动系统示意图。

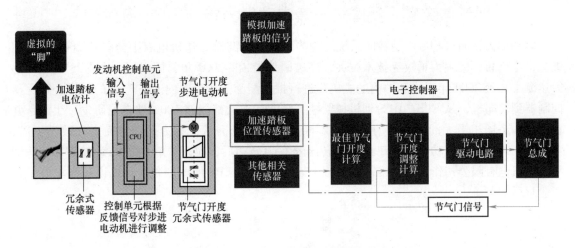

图 10-5　传统汽车线控驱动系统示意图

方式一：在加速踏板的位置增加 1 套执行机构来模拟驾驶人踩加速踏板。同时，要增加 1 套控制系统，输入目标车速信号，把实际车速作为反馈。通过控制系统计算，去控制执行机构执行动作。

方式二：接管节气门控制单元加速踏板的位置信号，只需要增加 1 套控制系统，输入目标车速信号，把实际的车速作为反馈，最后控制系统计算输出加速踏板位置信号给节气门控制单元。

2. 电动汽车线控驱动

VCU（整车控制单元）的主要功能是实现转矩需求的计算以及实现转矩分配。VCU 接收车速信号、加速踏板信号动力蓄电池电压和 SOC 的信息以及驱动电机的状态信息，然后在 VCU 内部进行计算，发送转矩指令给电机控制单元，电机控制单元接收到 VCU 的转矩需求后进行电机转矩的控制，从而实现实时地响应 VCU 的转矩需求。因此只需要 VCU 开放速度控制接口就能实现线控驱动。图 10-6 所示为电动汽车线控驱动系统的结构示意图。

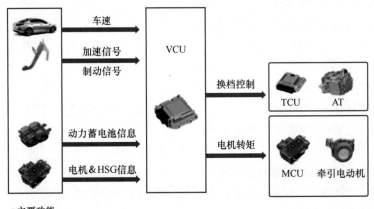

图 10-6　电动汽车线控驱动系统的结构示意图

创新与突破　我国第一套电动助力转向 EPS 诞生记

电动助力转向（EPS）是转向系统的趋势所向，株洲易力达机电有限公司从 2001 年开始进行自主创新，集中力量攻克技术难关，突破国外封锁。2002 年，国内第一套 EPS 在株洲易力达诞生，到 2004 年正式和国内的主机厂进行批量配套。作为国内 EPS 行业的领军企业，从控制器到转向机，从 EPS、HPS 到机械管柱，株洲易力达都能够 100%地自主研发、生产，并且占国内市场相当大的份额。为了迎合不断变化的市场需求，易力达迎难而上、敢于突破，多方开拓市场，在成功组建天津易力达转向器有限公司后，实现了转向器的系统供货。株洲易力达机电有限公司作为国内唯一的 EPS 产商，实现了 EPS 的国产化，可以说是汽车电子化产业背后的英雄。

复 习 题

一、选择题

1. EPS 系统根据电动机驱动部位的不同，主要分为（　　）类型。

A. 1 种　　　　　　　　　B. 2 种　　　　　　　　　C. 3 种　　　　　　　　　D. 4 种

2. 转向柱助力式转向系统的（　　）组成一体，安装在转向柱上。

A. 转矩传感器、电动机、离合器

B. 电动机、离合器、转向器

C. 转矩传感器、电动机、离合器、转向助力机构

D. 电动机、转向器、转向助力机构

3. 齿条助力式转向系统的电动机与（　　）一起安装在小齿轮另一端的齿条处。

A. 转矩传感器　　　　　B. 离合器　　　　　　　C. 转向助力机构　　　　D. 转向器

4. EPS 系统中的转矩传感器是（　　）来测量转向力矩的。

A. 通过测量磁性转子和磁阻传感元件之间的相对运动

B. 通过测量电动机的电流

C. 通过测量转向柱的角度变化

D. 通过测量齿条的位置变化

5. 如果 EPS 系统的信号失效，助力转向力会（　　）。

A. 立即关闭　　　　　　B. 保持不变　　　　　　C. 逐步柔软关闭　　　　D. 突然增大

6. 转角传感器在 EPS 系统中起（　　）的作用。

A. 测量转向盘转角信号　　　　　　　　B. 控制电动机的电源

C. 提供替代值以防信号失效　　　　　　D. 检测转向系统的故障

7. EPS 系统中，转角传感器通常安装在（　　）。

A. 转向器上　　　　　　　　　　　　　B. 电动机上

C. 转向柱上，转向开关与转向盘之间　　D. 齿条处

8. 在四轮转向系统中，传感器的主要作用是（　　）。

A. 检测并控制车轮的转速　　　　　　　B. 检测并控制发动机的功率

C. 检测汽车转向时的有关运动物理量　　D. 检测并调整车身的高度

9. 四轮转向系统的电控单元（ECU）的核心功能是（　　）。

A. 控制车轮的转速

B. 调整发动机的功率

C. 对传感器输入信号进行分析、计算、处理

D. 检测并显示车身的横摆角速度

10. 在四轮转向系统中，步进电动机的主要功用是（　　）。

A. 控制发动机的点火时机　　　　　　　　B. 检测并调整车轮的抓地力

C. 根据 ECU 的指令驱动后轮转向机构　　D. 调整车身的横摆角速度

11. 当四轮转向系统的电控系统出现故障时，后轮会（　　）。

A. 继续按指令偏转　　　　　　　　　　　B. 自动回到中间位置

C. 保持在当前位置不动　　　　　　　　　D. 随机偏转

12. 在四轮转向系统中，（　　）用于检测汽车前进速度。

A. 前轮转角传感器　　　　　　　　　　　B. 车速传感器

C. 车身横摆角速度传感器　　　　　　　　D. 后轮转角传感器

13. 在线控转向系统检修中，若转向控制器至转向电动机之间的通信线插头处有氧化物，可能会导致（　　）。

A. 转向盘无法转动　　　　　　　　　　　B. 车辆无法起动

C. 转向无响应　　　　　　　　　　　　　D. 制动失效

14. 线控转向系统通过（　　）保证驾驶人在故障情况下的安全。

A. 加大转向盘阻力　　　　　　　　　　　B. 自动锁死转向盘

C. 切换到备用系统或传统转向模式　　　　D. 立即停车并切断电源

15. 在线控转向系统的电路原理图中，底盘 ECU 与转向控制器之间的通信线是（　　）。

A. CA10 线　　　　B. CAN 线　　　　C. LIN 线　　　　D. USB 线

16. 线控转向系统中，（　　）负责接收和处理来自各种传感器的信号。

A. 转向电动机　　　B. 转向盘　　　　C. 主控制器　　　D. 前轮转角传感器

二、填空题

1. EPS 系统根据电动机驱动部位的不同，主要分为 3 类，其中一类是转向柱助力式，一类是小齿轮助力式，还有一类是_____。

2. 在 EPS 系统中，转矩传感器、电动机、离合器和转向助力机构通常集成为一体，这在_____助力式转向系统中尤为明显。

3. 齿条助力式电动转向系统的转矩传感器单独安装在_____，而电动机与转向助力机构安装在_____。

4. EPS 系统中的转矩传感器通过测量_____和_____之间的反向运动来检测转向力（矩）的大小。

5. 如果 EPS 系统中的转矩传感器信号失效，转向助力系统将_____，但这个过程是_____的。

6. 转角传感器在 EPS 系统中安装在_____，并与_____集成为一体。

7. 当四轮转向系统电子控制系统出现故障时，后轮自动回到_____位置。

8. 四轮转向系统设有两种转向模式，即 4WS 状态和传统的_____状态。

9. 电控电动式 4WS 系统后轮转向装置的工作特点是后轮偏转的方向和转角大小主要受_____高低的控制。

10. 四轮转向系统前、后轮转角传感器采用非接触型_____元件传感器。

11. 车身横摆角速度传感器安装在汽车_____处的车身上。

12. 四轮转向系统的ECU主要由输入信号调理电路、微处理器、输出信号处理电路和_____电路等部分组成。

13. 线控转向系统通过_____过滤掉不必要的振动，提高驾驶人的操控平稳性。

14. 当线控转向系统的电子系统出现故障时，驾驶人可以_____操纵车辆。

15. 英菲尼迪线控转向系统中设置了_____组ECU，以实现互相备用功能。

16. 线控转向系统可以与_____协同工作，为驾驶人提供不同的预设驾驶模式选择功能。

17. 线控转向系统在车道保持功能的配合下，能够_____帮助车辆回到正确的行驶轨迹上。

18. 在检修线控转向系统故障时，首先应检查_____的工作情况。

三、判断题

1. 转向柱助力式转向系统的转矩传感器、电动机、离合器和转向助力机构是分开安装的。
（　　）

2. EPS系统根据电动机驱动部位的不同，分为转向柱助力式、小齿轮助力式和齿条助力式3类。
（　　）

3. 转矩传感器的工作原理是通过测量磁性转子和磁阻传感元件之间的相对运动来检测转向力矩。
（　　）

4. 如果转角传感器的信号失效，电动助力转向系统将立即关闭。
（　　）

5. EPS系统的电动机电源通常为12V。
（　　）

6. EPS系统具有主动回正功能，该功能在驾驶人减少施加在转向盘上的力时起作用。
（　　）

7. 北京现代朗动车型的电动助力转向系统被称为EPS系统。
（　　）

8. 更换MDPS转向柱总成后，不需要对转向角度及转矩传感器进行初始位置学习。
（　　）

9. 车速传感型的四轮转向系统，在车速低于某预定值时，后轮与前轮同方向偏转。
（　　）

10. 四轮转向系统的后轮转向机构不采用液压式驱动方式。 （　　）

11. 四轮转向系统在高速转向时，不能减小车体的自转运动。 （　　）

12. 四轮转向系统的传感器不检测汽车的横摆角速度。 （　　）

13. 步进电动机不是四轮转向系统的驱动执行元件。 （　　）

14. 线控转向系统中，车载网络不承担整个系统的信号传递工作。 （　　）

15. 线控转向系统的特点是反应速度慢，驾驶人的操控感受不直接。 （　　）

16. 线控转向系统不能过滤掉不必要的振动。 （　　）

17. 当线控转向系统的电子系统出现故障时，驾驶人无法手动操纵车辆。 （　　）

四、问答题

1. EPS系统根据电动机驱动部位的不同，分为哪3类？

2. 当北京现代朗动汽车的 EPS 系统故障灯亮，且转向盘转动沉重时，可能的原因是什么，应如何进行故障排查？

3. 四轮转向系统有哪些优点？

4. 线控转向系统相比传统的电动助力转向（EPS）系统有哪些优势？

项目四

汽车电控制动系统的构造原理与检修

引言

防抱死制动系统（Antilock Braking System 或者 Antiskid Braking System，ABS）在汽车制动过程中可自动调节车轮制动力，防止车轮抱死以取得最佳制动效果。

当汽车制动前轮抱死时，汽车会失去转向能力；后轮抱死时，会造成汽车急转甩尾。防抱死制动系统在制动过程中防止车轮被制动抱死，提高制动减速度、缩短制动距离，能有效地提高汽车的方向稳定性和转向操纵能力，保证汽车的行驶安全。ABS 对汽车性能的影响主要表现在减小制动距离、保持转向操纵能力、提高行驶方向稳定性以及减少轮胎的磨损方面。

知识目标

1. 了解防抱死制动系统的结构与工作原理。
2. 掌握防抱死制动系统的控制原理。

能力目标

1. 能够制订防抱死制动系统的故障检修计划。
2. 能够按照故障检修计划对防抱死制动系统进行检修。
3. 能够解决学习和实践中的实际问题。

11.1 滑移率与附着系数的关系

汽车在制动时，车速与轮速之间产生速度差，车轮发生滑动现象。滑移率的定义为

$$滑移率 = \frac{车速 - 轮速}{车速} \times 100\%$$

在非制动状态（滑移率为 0）下，制动附着系数等于 0；在制动状态下，滑动率达到最优滑动率时，制动附着系数最大，在此之前的区域为稳定区域；之后，随着滑动率的增大，制动附着系数反而减小，侧向附着系数也下降很快，汽车进入不稳定区域，特别是当滑动率为 100% 时，侧向附着系数接近 0，也就是汽车不能承受侧向力，这是很危险的。所以应将制动

滑动率控制在稳定区域内。附着系数的大小取决于道路的材料、状况以及轮胎的结构、胎面花纹和车速等因素。

11.2　ABS 的结构和控制原理

ABS 中，能够独立进行制动压力调节的制动管路称为控制通道。

如果对某车轮的制动压力可以进行单独调节，这种控制方式称为独立控制；如果对两个（或两个以上）车轮的制动压力一同进行调节，则称这种控制方式为一同控制。在两个车轮的制动压力进行一同控制时，如果以保证附着力较大的车轮不发生制动抱死为原则进行制动压力调节，这种控制方式称为按高选原则一同控制；如果以保证附着力较小的车轮不发生制动抱死为原则进行制动压力调节，则这种控制方式称为按低选原则一同控制。

按照控制通道数目的不同，ABS 分为四通道、三通道、双通道和单通道 4 种形式，而其布置形式多种多样。

图 11-1 所示为四通道 ABS，图 11-2 所示为三通道 ABS，图 11-3 所示为双通道 ABS，图 11-4 所示为单通道 ABS。

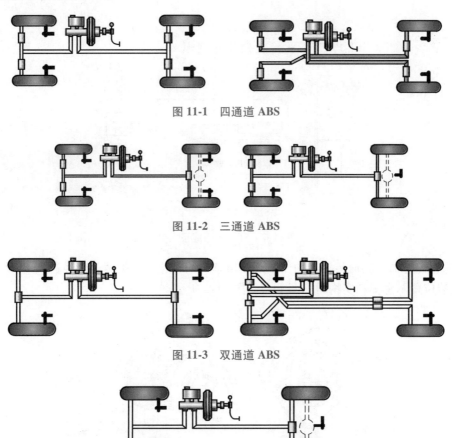

图 11-1　四通道 ABS

图 11-2　三通道 ABS

图 11-3　双通道 ABS

图 11-4　单通道 ABS

（1）ABS 的基本结构　图 11-5 所示为 ABS 的基本结构。ABS 由四大部件构成：轮速传感器、制动压力调节装置（调压电磁阀、电动泵和储液室）、ECU、警告灯。ABS 的组成及布置如图 11-6 所示。

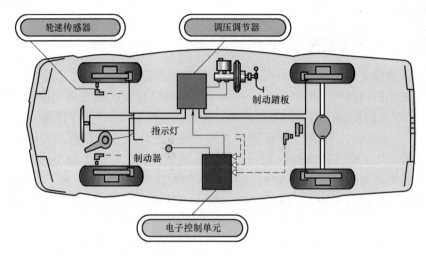

图 11-5　ABS 的基本结构

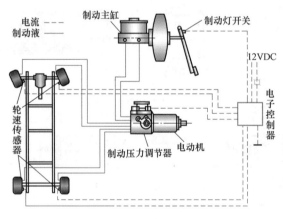

图 11-6　ABS 的组成及布置

1）轮速传感器。轮速传感器的作用是测出车轮的转速，并把速度信号送到 ECU。轮速传感器的安装位置示意图和实物图如图 11-7、图 11-8 所示。

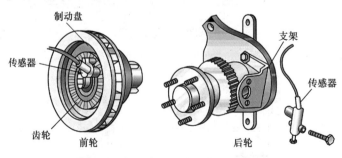

图 11-7　轮速传感器的安装位置示意图

轮速传感器一般有电磁式和霍尔式两种，这里只介绍霍尔式。

霍尔式转速传感器是利用霍尔效应的原理制成的。霍尔式轮速传感器的工作原理如图 11-9 所示。

视频17
防抱死制动系统
结构与特点

图 11-8　轮速传感器实物图

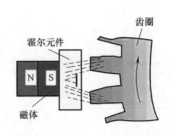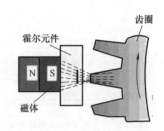

图 11-9　霍尔式轮速传感器的工作原理

2）制动压力调节装置。根据制动压力装置与制动助力器的结构关系，其分为分离式、组合式和整体式。液压调节装置含有电动机驱动的回流泵、蓄能器、阻尼器、节流阀和两位液压电磁阀。

①回流泵。回流泵将制动分泵中排出的制动液泵回到制动总泵。

②蓄能器。蓄能器为在减压过程中大量回流的制动液提供暂时的储存场所。

③阻尼器。阻尼器及其下游的节流装置能减少返回到制动总泵中的液压脉冲幅值，使噪声减少。

液压调节装置工作原理图如 11-10 所示。制动压力调节装置示意图如图 11-11 所示。

3）电磁阀。电磁阀控制有以下 3 种状态。

①加压：进油阀开，出油阀关。

②减压：进油阀关，出油阀开。

③保压：进油阀关，出油阀关。

电磁阀控制示意图如图 11-12 所示。

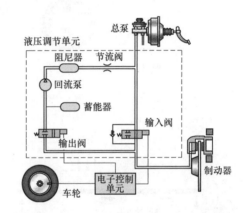

图 11-10　液压调节装置工作原理图

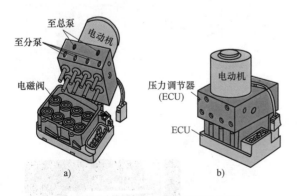

图 11-11　制动压力调节装置示意图

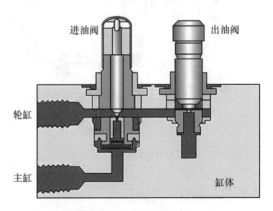

图 11-12　电磁阀控制示意图

（2）ABS 的工作过程

1）建压阶段（图 11-13）。

2）保压阶段（图 11-14）。

3）降压阶段（图 11-15）。

4）增压阶段（图11-16）。

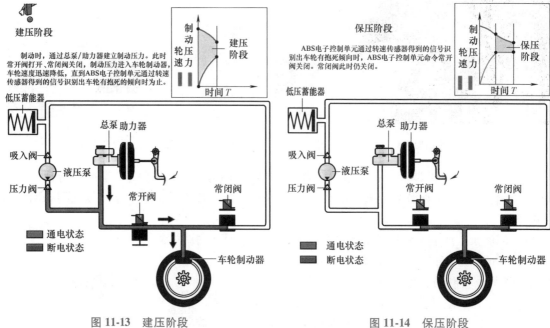

建压阶段

制动时，通过总泵/助力器建立制动压力。此时常开阀打开、常闭阀关闭，制动压力进入车轮制动器，车轮速度迅速降低，直到ABS电子控制单元通过转速传感器得到的信号识别出车轮有抱死的倾向时为止。

图 11-13　建压阶段

保压阶段

ABS电子控制单元通过转速传感器得到的信号识别出车轮有抱死倾向时，ABS电子控制单元命令常开阀关闭。常闭阀此时仍关闭。

图 11-14　保压阶段

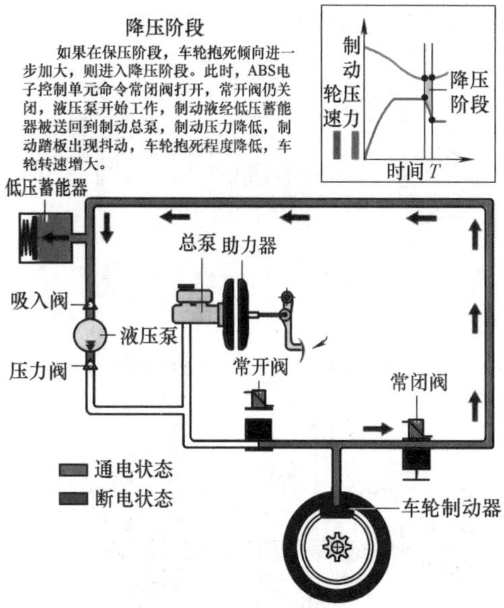

降压阶段

如果在保压阶段，车轮抱死倾向进一步加大，则进入降压阶段。此时，ABS电子控制单元命令常开阀关闭，液压泵开始工作，制动液经低压蓄能器被送回到制动总泵，制动压力降低，制动踏板出现抖动，车轮抱死程度降低，车轮转速增大。

图 11-15　降压阶段

增压阶段

为了达到最佳制动效果，当车轮达到预定转速后，ABS电子控制单元命令常开阀打开，常闭阀关闭。随着制动压力的增加，车轮再次被制动和减速。

防抱死制动系统压力调节频率为每秒钟2～6次。

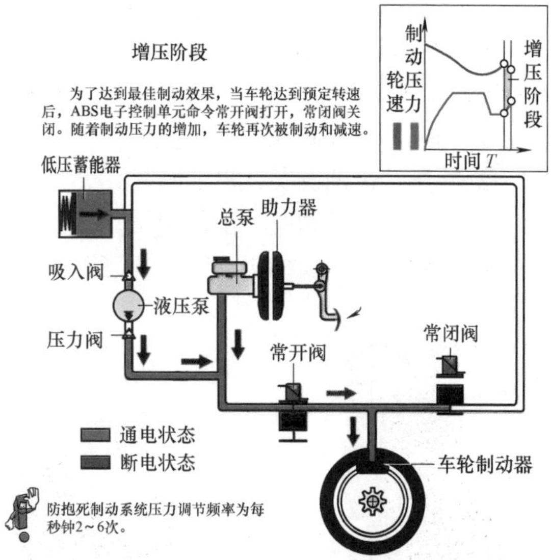

图 11-16　增压阶段

11.3　ABS 检修

11.3.1　故障案例 1

一辆捷达轿车，在正常行驶过程中其仪表盘上的 ABS 故障指示灯偶尔会亮，如图 11-17 所示。

该车采用德国博世公司的 MK20-1 型 ABS，电路如图 11-18 所示。

图 11-17　ABS 故障指示灯

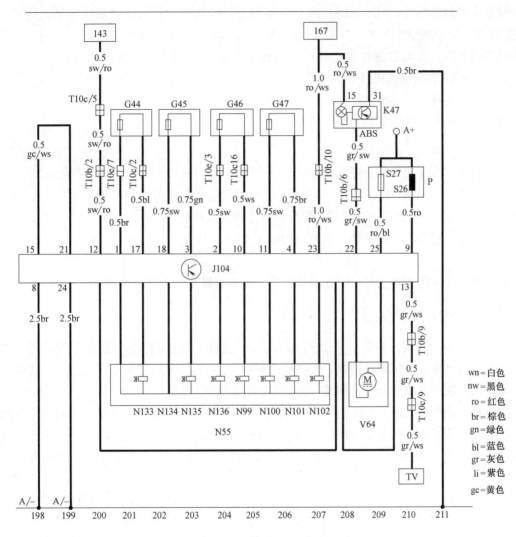

图 11-18　捷达 ABS 电路

A—蓄电池　G44—右后车轮转速传感器　G45—右前车轮转速传感器　G46—左后车轮转速传感器
G47—左前车轮转速传感器　J104—ABS 控制器　TV—自诊断接口　K47—ABS 警告灯
T10b—10 孔插头，紫色，继电器盒上方　T10c—10 孔插头，橘黄色，继电器盒上方　T10e—10 孔插头，
红色，继电器盒上方　N55—ABS/EBD 液压电控单元　V64—ABS 液压泵电动机

　　首先用故障诊断仪读取故障码，调得的故障码为 00287——右后轮速传感器信号不良。于
是做常规检查，并在清洗了轮速传感器后试车，故障现象依旧。测量右后轮速传感器的电阻，
为 1kΩ 左右，正常。顶起右后车轮并转动，该侧轮速传感器有交流信号输出。拔下 ABS ECU
导线侧插接器，测量其上的端子 1 和 17 间的电阻，也为 1kΩ，说明右后轮速传感器电路正常。
查看动态数据流，发现右后轮速传感器的信号数值偶尔和其他 3 个轮速传感器的不同步，于是将两后轮速传感器进行对调后试车，结果故障诊断仪显示左后轮速传感器信号不良，说明该轮速传感器有故障。更换右后轮速传感器，并消除故障记忆，上述故障排除。

11.3.2　故障案例 2

一辆比亚迪轿车，出现仪表盘上 ABS 故障指示灯常亮的现象。

该车采用的是三菱公司的 ABS。该车为刚修复的事故车，而且事故部位在该车前部，于是把检查重点放在轮速传感器上。拔下 ABS ECU 导线侧插接器，在该插接器上分别测量各轮速传感器的电阻，发现右前轮轮速传感器电阻值为 ∞，其他 3 个轮速传感器的电阻值均为 900Ω，于是断定右前轮速传感器有故障。由于没有现货，就用一个捷达车的轮速传感器代替试车，接通点火开关，ABS 故障指示灯亮几秒后就熄灭了。

将购回的该车轮速传感器装复，故障排除。

11.3.3　故障案例 3

一辆新款丰田佳美轿车，轻踩制动踏板，ABS 反应过快，制动踏板顶脚严重。

首先检查基本制动系统。拔下 ABS 熔丝，发现踩制动踏板时顶脚的现象消失，说明故障在 ABS 中。用故障检测仪对 ABS 进行检测，没有调到故障码；读取数据流，当轻踩制动踏板时，右前轮速传感器的信号数值突然变为 0km/h，然后恢复正常。怀疑该侧轮速传感器工作不良。

清洗右前轮速传感器信号齿圈并更换轮速传感器后试车，上述故障排除。

11.4　小知识——ABS 与"点刹"

很多人认为"点刹"是最为有效的制动方法，这样是否正确呢？"点刹"是以尽快的速度踩制动踏板再松开再踩制动踏板。按驾校的解释，"点刹"是为了防止车轮抱死，也可以增加对车轮的控制力，以防在紧急制动的时候车辆发生失控或翻车。

随着社会的快速发展，ABS 已经是车辆的标准配置。ABS 发现车轮被抱死时，立即自动放松制动片，使车轮继续滚动，然后再自动抱紧，发现抱死后又立即自动放松，这样不停地制动、放松，在 1 秒内可作用几十次，类似于机械的"点刹"，频率远远高于人类所能做到的每秒 1~2 次。

如果车上已有 ABS，"点刹"自然就是一种多余的人为控制技术了，"点刹"会不断松开制动而延长了制动时间，也会大大延长制动距离，遇到紧急情况时将会非常危险。

任务十二　电子稳定程序和自动泊车辅助系统的检修

引言

电子稳定程序（Electronic Stability Program，ESP）是一种可以控制驱动轮，也可以控制从动轮，包含 ABS 及 ASR 的汽车防滑装置。电子稳定程序可降低各种场合下发生侧滑的危险，并能自动采取措施。通过有针对性地单独制动各个车轮，车身电子稳定程序可使车辆保持稳定行驶，从而避免重大意外事故。

知识目标

1. 了解电子稳定程序的结构与工作原理。
2. 了解自动泊车辅助系统的组成与工作原理。
3. 掌握电子稳定系统的控制原理。
4. 掌握自动泊车辅助系统的控制原理。

能力目标

1. 能够制订电子稳定程序和自动泊车辅助系统的故障检修计划。
2. 能够按照故障检修计划对电子稳定程序和自动泊车辅助系统进行检修。
3. 能够解决学习和实践中的实际问题。

12.1 电子稳定程序的作用

1. 防止转向过度的后轮侧滑

ESP 能够同时精确测量 4 个车轮的制动力。这样，在车辆不按转向意图行驶时，车辆可以被"拉"回到正确的行驶轨迹上。一辆具有转向过度特性的汽车会在后轮上产生向外拉的效果而跑离弯道；此时，通过在右前轮上施加制动力，ESP 会相应产生一个具有稳定作用的顺时针转矩，从而将车辆拉回到正确的行驶轨迹上来。

图 12-1 所示为 ESP 防止后轮转向过度示意图。

2. 防止转向不足的前轮侧滑

一辆具有转向不足特性的汽车，在左转向时，会在前轮上产生向外拉的效果；而通过 ESP 在左后轮上施加制动力，车辆将被拉回到正确的行驶轨道上来。

图 12-2 所示为 ESP 防止前轮转向不足示意图。

**图 12-1 ESP 防止后轮转向
过度示意图**

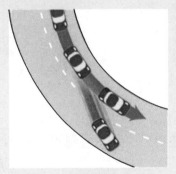

**图 12-2 ESP 防止前轮转向
不足示意图**

ESP 最主要的作用是在紧急情况下，可以帮助驾驶人保持对车辆的控制，从而避免重大事故，具体主要是通过防止车辆侧滑，在车辆和地面间有附着力的前提下，保证车辆的方向操控性，通过对驾驶人的动作和路面情况的判断，对车辆的行驶状态进行及时的干预。

12.2   电子稳定程序的结构和工作原理

ESP 的结构如图 12-3 所示。

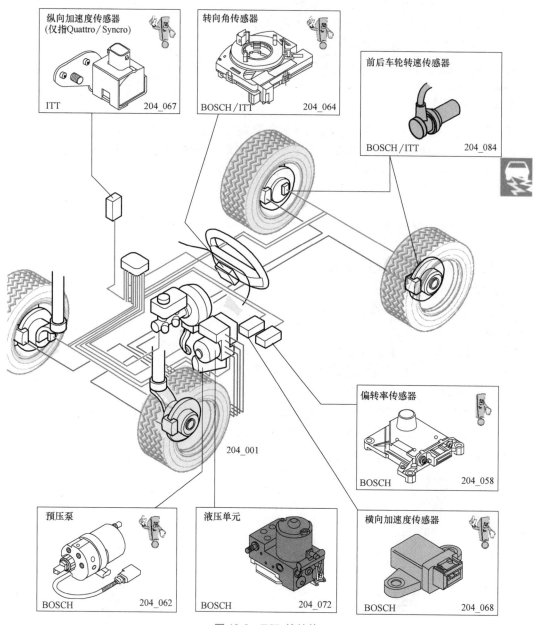

图 12-3   ESP 的结构

1. 转向角传感器

该传感器在转向柱锁开关和转向盘之间的转向柱上。安全气囊的带集电环的回位环集成在该传感器内且位于该传感器下部。该传感器将转向盘的转角信息传递给带 EDS/ASR/ESP 的 ABS 控制单元。角度的变化范围为±720°，即转向盘转 4 圈。

转向角传感器角度的测量是通过光栅原理来实现的。转向角传感器的结构如图 12-4 所示。

视频18
电子稳定程序系统
的结构与特点

2. 横向加速度传感器

由于物理方面的原因，该传感器应尽量与汽车重心离的近一些，因此，该传感器装在驾驶人侧座椅下。横向加速度传感器用于接收是否有侧向力及该侧向力的大小的信息，这个侧向力总是试图使车脱离原行驶路线。

横向加速度传感器的结构如图 12-5 所示。

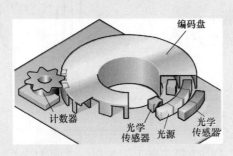

图 12-4 转向角传感器的结构

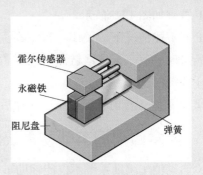

图 12-5 横向加速度传感器的结构

3. 偏转率传感器

这个传感器应尽量离汽车的重心近一些。该传感器是从宇航技术借用来的，它用来确定物体上是否作用有转矩。在 ESP 中，该传感器用于确定车辆是否绕垂直轴线转动。

图 12-6a 所示偏航率传感器基本组件是一个小的金属圆筒，其上有 8 个压电元件，其中 4 个使空心圆筒处于谐振状态（图 12-6b），另外 4 个用于监控作用在圆筒上的振动波节是否改变。如果空心圆筒上作用有转矩，振动波节就会改变。振动波节会移动（图 12-6c），起监控作用的压电元件会测量到这个改变并通知控制单元，于是控制单元就可以计算出偏转率了。

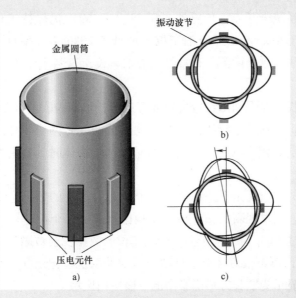

图 12-6 偏航率传感器

4. ESP 按键

该按键的位置因车型不同而不同，一般在组合仪表区。驾驶人用该按键可关闭 ESP 功能。踩下制动踏板或再次按下该按钮，即可接通 ESP。如果忘了再次接通 ESP，那么在下次起动发动机时，ESP 会自动激活。

ESP 按键如图 12-7 所示。

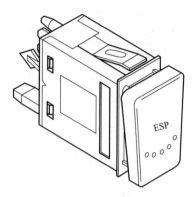

ESP 在下述情况下应关闭：汽车在深雪或松软土地上艰难行进时、汽车带防滑链行驶时和汽车在功率检测试验台上检测时。

当 ESP 正在工作时，超过某一车速后，就无法关闭 ESP 了。　　图 12-7　ESP 按键

12.3　大众自动泊车辅助系统的组成和工作原理

大众自动泊车辅助系统不仅能辅助车辆停入更小的平行于车道的车位（平行泊车），还能将车辆停入横置于车道上的车位（垂直泊车）。

12.3.1　自动泊车辅助系统示意图

要实现自动泊车这样一个复杂的功能，需要车辆的各个子系统协同工作。图 12-8 所示的系统示意图展示了系统中 CAN 数据总线中的联网关系。

12.3.2　测量泊车位长度

使用自动泊车辅助系统倒车入位的过程可分为测量泊车位长度、启动自动泊车辅助系统、在自动泊车辅助系统帮助下进行泊车几个阶段。

自动泊车辅助系统在向驾驶人提供转向帮助之前，必须先对泊车位进行测量，并识别车辆相对于泊车位的位置。

即使自动泊车辅助系统未开启，传感器（G568 和 G569）仍保持工作状态。这样在车辆前行过程中，当车速低于 40km/h（平行泊车位）或低于 20km/h（垂直泊车位）时，两个位于车前端的传感器便会测量车辆两侧所有可停入的泊车位。这两个传感器的探测距离在 4.5m 左右。

通过上述方法还能找到并识别出在转弯处或弯道上的泊车位，与在笔直道路上没有差别。除车辆以外，系统还能识别到其他物体以及某一物体后的或是两个物体之间的泊车位。如果 PLA 没有识别出泊车位前面较小的物体，当车辆靠近这些物体时，会由泊车距离控制系统发出警告声。

无论泊车位在道路的左边还是右边，最后一个被测泊车位的数据会临时存储在自动泊车辅助系统的控制单元中。当发现新的泊车位或车辆已远离上一个泊车位（驶离平行泊车位超过 15m，垂直泊车位超过 8m）时，关于上一个泊车位的数据就会被删除。

若在有效范围内按下 PLA 按键开启了自动泊车辅助系统，记录在控制单元中的泊车位就会在组合仪表显示器上显示为在长方形阴影中的一段空白区域。

图 12-9 可以帮助理解在道路右边测量泊车位的过程。

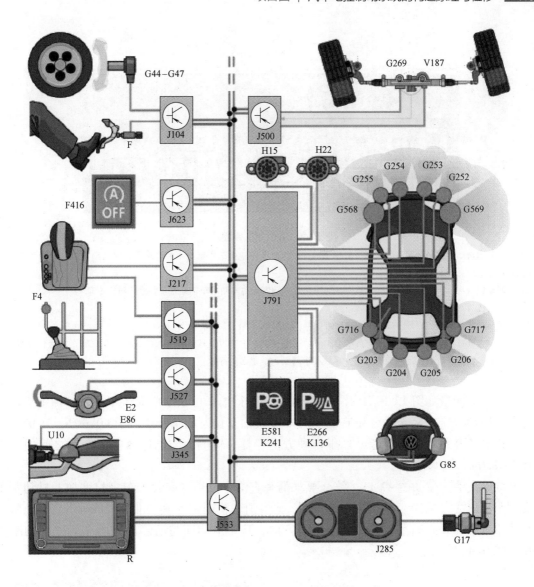

图 12-8　自动泊车辅助系统示意图

E266—自动泊车辅助系统按键　E581—自动泊车辅助系统按键　G203—左后泊车辅助系统传感器　G204—后部左中泊车辅助系统传感器　G205—后部右中泊车辅助系统传感器　G206—右后泊车辅助系统传感器　G252—右前泊车辅助系统传感器　G253—前部右中泊车辅助系统传感器　G254—前部左中泊车辅助系统传感器　G255—左前泊车辅助系统传感器　G568—左前自动泊车辅助系统传感器（车辆左侧）　G569—右前自动泊车辅助系统传感器（车辆右侧）　G716—左后自动泊车辅助系统传感器　G717—右后自动泊车辅助系统传感器　H15—后部泊车辅助系统警告蜂鸣器　H22—前部泊车辅助系统警告蜂鸣器　J791—自动泊车辅助系统控制单元　K136—泊车辅助系统指示灯　K241—自动泊车辅助系统指示灯电控机械式助力转向系统　G85—转向角传感器　G269—转向力矩传感器　J500—助力转向控制单元　V187—电控机械式助力转向器的电动机制动系统　F—制动灯开关　G44—右后车轮转速传感器　G45—右前车轮转速传感器　G46—左后车轮转速传感器　G47—左前车轮转速传感器　J104—ABS 控制单元发动机和变速器管理系统　F4—倒车灯开关　F416—起动/停止装置按键　J217—自动变速器控制单元　J623—发动机控制单元　J519—车载电网控制单元组合仪表和转向柱电子装置　E2—转向灯开关　E86—多功能显示器调用按键　G17—车外温度传感器　J285—组合仪表内的控制单元　J527—转向柱电子装置控制单元　J533—数据总线诊断接口挂车识别装置　J345—挂车识别控制单元　U10—挂车运行插座信息娱乐系统　R—收音机/导航系统

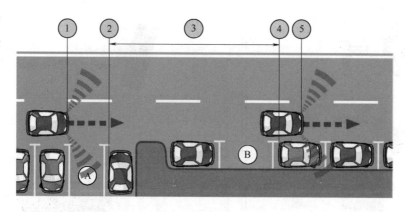

图 12-9 路边停车示意图

①—未开启自动泊车辅助系统的车辆以低于 20km/h 的速度行驶（在本示例中的速度下，平行泊车位和垂直泊车位都能被找到）

②—泊车位（A）将被暂存在控制单元中，如果此时驾驶人启动自动泊车辅助系统，就可进行泊车

③—泊车位（A）仍存在控制单元中

④—下一个可用泊车位（B）被测量并被暂时保存，泊车位（A）被删除

⑤—驾驶人驶过泊车位（B）并按下自动泊车辅助系统按键，泊车位（B）被存入控制单元并立刻在组合仪表显示屏上显示出来。车辆所在位置不足以完成泊车，系统要求驾驶人继续向前行驶

　　平行泊车测量如图 12-10 所示。符合要求的平行泊车位长度应大于车身长度加上机动距离与安全距离（前、后至少各留有 0.4m）。驶过泊车位时的车速要低于 40km/h。车辆的最佳起始位置应在平行泊车位旁，处于行驶方向，且车辆侧面与已停放好的车辆之间的距离为 0.5～2.0m。

　　测量垂直泊车位如图 12-11。符合要求的垂直泊车位长度应大于车身长度加上机动距离与安全距离（左、右至少各留有 0.35m）。驶过泊车位时的车速要低于 20km/h。车辆所在的最佳位置应在垂直泊车位旁，处于行驶方向，且车辆侧面与已停放好的车辆之间的距离为 0.5～2.0m。

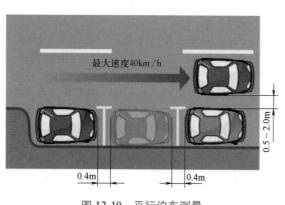

图 12-10 平行泊车测量

图 12-11 测量垂直泊车位

　　一旦泊车位被确定，自动泊车辅助系统就会通过组合仪表显示屏上的阴影部分要求驾驶人继续前行，驶过泊车位，直至达到一个适合泊车起始位置。

12.3.3　测量泊车位功能的关闭

当车速在 40~50km/h（针对平行泊车位）或 20~50km（针对垂直泊车位）时，自动泊车辅助系统切换至被动模式（待机模式），驾驶人可以在组合仪表显示屏上看到指示。当车辆速度再次低于 40km/h 或 20km/h 时，无须重新按键启动系统，传感器就会开启并开始探测泊车位。

在车辆速度超过 50km/h 时，测量泊车位的传感器会完全关闭，并且之前保存的数据会被删掉。自动泊车辅助系统必须重新启动。

当车辆停止行驶超过 30s 时，传感器会暂时关闭。一旦车辆再次启动，传感器会重新启动。

12.3.4　通过自动泊车辅助系统进行泊车

在测量到合适的泊车位且确定车辆位置恰当后，便可以开始自动泊车。在开始进行自动泊车之前，必须先挂入倒车档，并在静止约 0.5s 后开动车辆。静止时间是指从挂入倒车档到车辆真正开动的时间。在这段时间里，所有相关系统都会启动，并开始计算行驶路线。

在自动泊车过程中，无须驾驶人操控转向盘，由自动泊车辅助系统来控制方向，并按照计算好的行驶路线驶入泊车位。在多次移车入位的过程中，驾驶人可以在组合仪表显示屏上看到前行或后退的操作提示。位于后部的两个轮速传感器 G44 和 G46 可以识别车辆是在前行还是后退。

此外，在倒车过程中将额外用到 8 个泊车辅助系统传感器（4 前 4 后）和 4 个侧面自动泊车辅助系统传感器（2 前 2 后）来监控距离。当泊车过程结束后，组合仪表显示屏会提示自动转向辅助已完成。

如果在自动泊车过程中识别到车辆所处位置有危险情况，或驾驶人介入了转向盘控制，自动泊车就会中止。

1. 泊入平行车位

驾驶人按下自动泊车辅助系统键，选择平行泊车功能，相应的图示会显示在组合仪表显示屏上。平行泊车可以通过多次移位完成。图 12-12 所示为泊入平行车位示意图。

泊车时：从泊车起始位置到进入泊车位前的最高车速为 9km/h（直线行驶）。在驶入泊车位的过程中，最大速度为 7km/h（在转向盘转动后）。

2. 泊入障碍物之间

自动泊车辅助系统不仅能识别车辆，还可以识别其他物体。系统可以对房屋墙面、围墙或路沿等进行定位。另外，它可以帮助驾驶人在如树木、垃圾桶、灌木丛或摩托车等障碍物间泊车。如果识别到路沿，则会在距离路沿边缘 15cm 处以"通

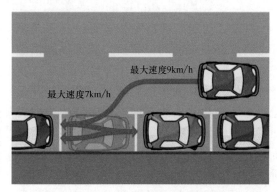

图 12-12　泊入平行车位示意图

过路沿定位"的方式进行泊车。如果识别不到路沿，则会将车辆与停泊在障碍物前的其他车辆停成一排。图 12-13 所示为泊入障碍物之间示意图。

3. 泊入垂直车位

驾驶人通过自动泊车辅助系统按键，选择垂直泊车功能，相应的图示会在组合仪表显示屏上显示出来。垂直泊车过程可以通过多次移位来完成。为使两侧车门可以相同程度地打开，系统会控制车辆停在车位的正中间。位于车辆后侧的传感器 G716 和 G717 就是用来控制车辆，使其位于车位的中间的。这两个传感器的探测范围与其他用来感应障碍物的 PDC 传感器一致。图 12-14 所示为泊入垂直车位示意图。

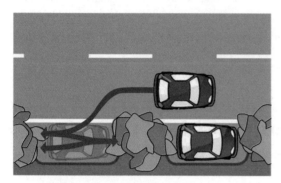

图 12-13　泊入障碍物之间示意图

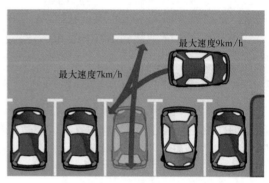

图 12-14　泊入垂直车位示意图

12.3.5　制动辅助功能

制动辅助有两个作用：在超过泊车限速时减速，在与障碍物有碰撞危险时，制动车辆至静止以避免损失。

在超过限速范围时，即超过 9km/h（直线行驶）或超过 7km/h（在驶入泊车位的过程中）时，自动泊车辅助系统会要求 ESP 执行减速。然后泊车过程会继续，也就是说自动泊车辅助系统始终保持开启状态。如果车辆继续加速至超过 10km/h，自动泊车辅助系统将停止工作。

开始自动泊车后，在行驶路线上发现有障碍物且驾驶人未能及时发现并进行制动，或 PLA 系统发现与障碍物有相撞危险时，系统会进行制动直至车辆停止。该功能只有在车速不超出限速上、下各 1.5km/h 的范围时才可用。车辆被制动至静止状态后，自动泊车过程终止。再次启动自动泊车辅助系统后，必须重新识别泊车位。

12.3.6　借助自动泊车辅助系统驶出泊车位

按下自动泊车辅助系统按键，在系统测量完泊车位中车辆的位置后，就可以驶出泊车位了。驾驶人在车辆处于静止的状态下打开转向灯，挂入倒车档后起步，系统就开始辅助车辆自动驶出泊车位。转向灯的方向告知系统车辆将从哪个方向驶出泊车位。借助自动泊车辅助系统驶出泊车位如图 12-15 所示。

接下来驾驶人就可按照组合仪表显示屏的提示（与泊入时相同）进行操作。系统完成数次前后移位后，由驾驶人接管转向盘。

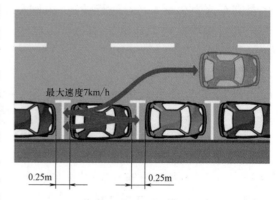

图 12-15　借助自动泊车辅助系统驶出泊车位

如果自动泊车辅助系统认为经过下一段规定的行驶路线后车辆能够驶出车位，就会结束辅助过程并由驾驶人接管转向盘。

　　如果在自动驶出泊车位过程中识别到会危及车辆安全的物体，或驾驶人介入了转向操作，自动泊车辅助就会中断。

12.3.7　系统组成

1. 电动转向系统

　　配有电动转向系统是安装自动泊车辅助系统的一个重要前提。该系统使自动泊车辅助系统控制单元能够通过助力转向电驱动装置，主动实施自动转向功能。

　　助力转向控制单元 J500 主要用来控制转向装置。转向力矩传感器 G269 接收到驾驶人接管转向盘的信号后就能立刻终止自动泊车过程。

2. 制动系统

　　ABS 控制单元 J104 传输车辆速度信号，并在车速过高时实施减速制动，直至车速低于 7km/h 或 9km/h。当有碰撞危险时，ESP 介入，制动车辆至静止并关闭 PLA。

　　后轮的两个轮速传感器 G44 和 G46 还负责识别车轮运动的方向。通过这两个传感器，PLA 可以得到车辆位移信息，并获悉车辆是在向前还是向后行驶。

3. 发动机和变速器管理系统

　　自动变速器控制单元 J217 可识别当前挂入的档位。PLA 通过车载电网控制单元得到车辆挂入倒车档的信息。

　　对于装有起动/停止装置的车辆，在 PLA 启动状态下，发动机控制单元会控制发动机在车辆静止时不停止工作。

4. 组合仪表和转向柱控制单元

　　组合仪表内的控制单元 J285 负责显示，以图标形式显示出在道路左侧或右侧的平行泊车位和垂直泊车位、行驶方向提示、制动提示以及各泊车阶段的进程，并能发出信号声。

　　车外温度由车外温度传感器 G17 测量并发送给组合仪表内的控制单元。它会影响障碍物间距离的测量结果，因为温度会影响气压，进而改变超声波的扩散速度。

　　通过转向灯 E2 可得知车辆要停泊在道路的哪一边。信号通过转向柱电子装置控制单元 J527 传递，并将相应的图像显示在组合仪表显示屏上。

5. 传感器

　　装有自动泊车辅助系统的车辆通过自动泊车辅助传感器和泊车辅助传感器配合工作。传感器如图 12-16 所示。

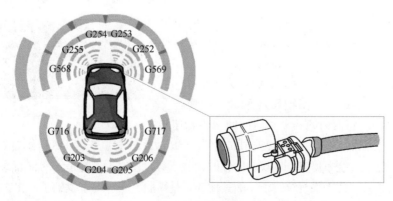

图 12-16　传感器

1）自动泊车辅助传感器。两个自动泊车辅助传感器 G568 和 G569 安装在前保险杠上，它们输出的信号为自动转向功能服务。一方面用于测量可用的泊车位，另一方面用于在泊车过程中监测与旁边停泊车辆或障碍物的侧边距离。其信号还会影响到驶过角的计算。

两个自动泊车辅助传感器 G716 和 G717 安装在后保险杠上。它们输出的信号用于测量在垂直泊车时泊车位的实际宽度和位置。信号还用来评价车辆是否停入泊车位的正中间，以及用于监测在泊车过程中与侧边障碍物的距离。

2）泊车辅助传感器。前、后保险杠上各有 4 个控制泊车距离的超声波传感器：左后泊车辅助传感器 G203、后部左中泊车辅助传感器 G204、后部右中泊车辅助传感器 G205、右后泊车辅助传感器 G206、右前泊车辅助传感器 G252、前部右中泊车辅助传感器 G253、前部左中泊车辅助传感器 G254、左前泊车辅助传感器 G255。

传感器的信号用来控制泊车距离，也用于实现自动转向功能，这两种功能都需要通过测量车辆之间的距离以及车辆与其他物体之间的距离来实现。

6. 执行器

泊车辅助系统通过蜂鸣器发出声音信号，驾驶人可以通过声音信号的时间间隔，获悉泊车入位时车辆与障碍物的距离。

7. 控制单元

视频19
自动泊车辅助
系统的操作

自动泊车辅助系统控制单元 J791 如图 12-17 所示，主要掌管车辆泊入或驶出泊车位的过程，以及控制泊车距离（泊车辅助系统）。它协调来自可视泊车辅助系统和倒车摄像头的图像，并将它们显示在收音机/导航系统的显示屏上。如果车辆配备了自动泊车辅助系统，那么它的控制单元 J791 同时具有泊车辅助系统控制单元的功能。如果车辆配备了泊车距离控制功能，即装有泊车辅助系统控制单元，则不再加装自动转向功能。

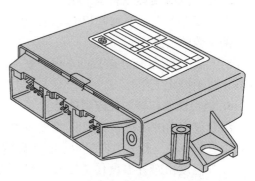

图 12-17　自动泊车辅助系统控制单元 J791

12.4　电子稳定程序检修

故障现象：一辆 GL450 奔驰（美规），行驶里程为 75000km，车主反映 ESP 灯一直亮，更换过轮速传感器等都不见效果，开出去不到 1km 就出现了 ESP、ABS、EBD 故障。

故障诊断：接车后开始用 DAS 进入 ESP 内部读取故障码，发现以下故障：左前轮速信号范围超差，如图 12-18 所示。

消除所有故障码，试车，行驶 1km 后 ESP 灯亮。用 DAS 诊断故障码，显示：前轴轮速错误。调换一下前轴的轮速传感器，将前面的两个和后面的两个轮速传

图 12-18　左前轮速信号范围超差故障码

感器拆下来互换，然后试车，还是行驶 1km 左右 ESP 故障灯亮。连接 DAS 读取故障码，故障码依旧为前轴轮速错误。绕车检查，发现右后轮的轮胎不对，其他 3 条都是新的，而这条是旧的。右后轮胎磨损比较严重，几乎没有纹路了，而其他 3 条是新胎。问题终于找到了，将右后轮拆下换上备胎试车，行驶 5km 后，没有出现故障，故障排除。

故障总结：故障原因很简单，由于右后轮磨损严重，其外径要比左后轮小，同样的转速，行驶距离有差距，控制模块就会认为在右转向状态，而此时前轴没有轮速差，控制模块就会认为是前轴转速错误。

12.5　小知识——电子稳定程序的发展

博世公司是第一家把电子稳定程序投入量产的公司。博世公司的车身电子稳定程序称为ESP（Electronic Stability Program）。因为 ESP 是博世公司的专利产品，所以只有博世公司的车身电子稳定才可称为 ESP。在博世公司之后，有很多公司研发出了类似的系统，如丰田的VSC（Vehicle Stability Control）系统和宝马的 DSC（Dynamic Stability Control）系统等。

欧洲会议要求 2011 年 11 月起，所有新乘用车和商用车都强制装配 ESP，2014 年 11 月起所有新车都强制装配 ESP。2012 年起，美国所有 4.5t 以下的车辆都强制装配了 ESP。

任务十三　上坡、下坡辅助制动控制系统的检修

引言 ◀

上坡辅助控制（Hill-start Assist Control，HAC）系统是在 ESP 基础上衍生开发出来的，它可让车辆在坡上起步时，驾驶人脚离开制动踏板后车辆仍能继续保持制动几秒，这样便可让驾驶人有时间将脚由制动踏板转向加速踏板，以防止溜车而造成事故，并且不会让驾驶人手忙脚乱。

下坡辅助控制（Down-hill assist control，DAC）系统与发动机制动的原理相同。为了避免制动系统负荷过大，减轻驾驶人负担，在分动器位于 L 位置，车速在 5~25km/h 并打开 DAC 开关的情况下，不踩加速踏板和制动踏板，下坡辅助控制系统可以自动把车速控制在适当水平。下坡辅助控制系统工作时停车灯会自动亮。

DAC 系统能使车辆以恒定低速行驶，防止车轮锁死，同时可以大大降低车辆在坑洼路面下坡时产生的振动，从而确保了行驶的稳定性与提高驾乘舒适性。

知识目标 ◀

1. 了解上坡、下坡辅助制动控制系统的组成与工作原理。
2. 掌握上坡、下坡辅助制动控制系统的控制原理。

能力目标 ◀

1. 能够制订上坡、下坡辅助制动控制系统的故障检修计划。
2. 能够按照故障检修计划对上坡、下坡辅助制动控制系统进行检修。
3. 能够解决学习和实践中的实际问题。

13.1　上坡起步辅助控制（HAC）系统

在斜坡起步时，上坡起步辅助控制系统在松开制动踏板、踩下加速踏板的间隔时间阻止

车辆下溜，提高车辆斜坡起步的安全性和可靠性，如图13-1所示。

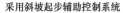　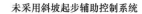

采用斜坡起步辅助控制系统　　　　　未采用斜坡起步辅助控制系统

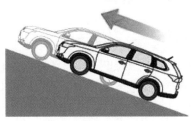　

图 13-1　上坡起步辅助控制系统示意图

13.1.1　工作条件

HAC系统工作要求满足以下几个条件（图13-2）：

1）档位要求在D位、4位、3位、2位或者是L位，在R位时不工作。

2）车速要求大于0km/h。

3）每个车轮的旋转方向与车辆的行驶方向相反。

HAC系统工作时，防滑指示灯会闪烁，蜂鸣器会响。

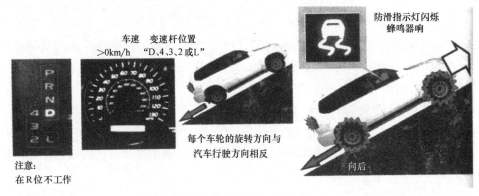

图 13-2　HAC系统工作条件

13.1.2　组成和工作过程

HAC系统的组成如图13-3所示。

1. 主动及被动轮速传感器的比较

主动与被动轮速传感器的比较见表13-1。主动轮速传感器安装位置如图13-4所示。

表 13-1　主动与被动轮速传感器比较

传感器类型	主动轮速传感器	被动轮速传感器
检测车速	检测速度大于0km/h	检测速度大于3km/h
旋转方向检测	能判断旋转方向	不能判断旋转方向
紧凑结构	转子和轴承集成紧凑	

2. 检测车速的方法

如图13-5所示，主动型轮速传感器输出的是数字信号，即方波脉冲电压信号。该信号随着车轮转速的升高，而脉冲的频率升高，传感器信号电压的幅值不变。被动型传感器发出的是模拟电压信号，是正弦波信号。被动型传感器信号随车速的升高、交流电压增大，而脉冲的频率和信号电压均升高。

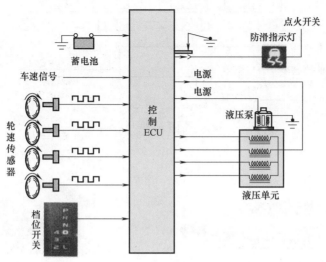

图 13-3　HAC 系统的组成

图 13-4　主动轮速传感器安装位置

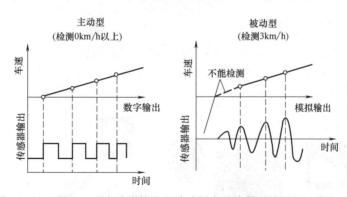

图 13-5　主动型轮速和被动型车速的检测信号

3. 轮速传感器检测旋转方向的方法

新型的轮速传感器能够检测出车轮的旋转方向，用来判断车辆的实际行驶方向，如图 13-6 所示。新型的轮速传感器内部有两个磁阻，在车轮转动时产生两个轮速信号，把这两个轮速信号叠加在一起后发送到 ECU。由于车辆向前或者向后行驶时，两个磁阻发出的信号是不同的，所以 ECU 可以根据传感器信号来判断车轮的旋转方向和车辆的实际行驶方向，如图 13-7 所示。

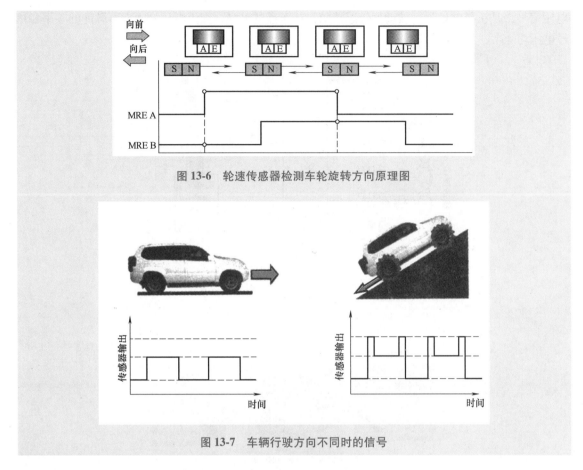

图13-6　轮速传感器检测车轮旋转方向原理图

图13-7　车辆行驶方向不同时的信号

13.2　下坡辅助控制（DAC）系统

13.2.1　工作条件

视频20
上坡起步辅助控
制系统的操作

视频21
下坡辅助控制
系统的操作

车辆在下坡行驶时不用踩下制动踏板，不用调节节气门的开度，DAC系统对4个车轮自动进行制动，防止车辆下坡时车速过快，自动调节车辆的速度。DAC系统必须满足下列条件（图13-8、图13-9）才会工作：

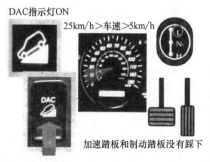

图13-8　下坡辅助控制系统工作情况（1）

1）DAC开关接通，DAC指示灯亮。

2）车速大于5km/h，小于25km/h。

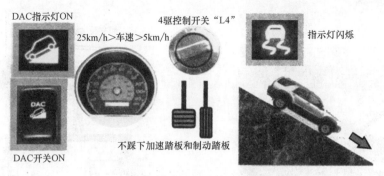

图 13-9　下坡辅助控制系统工作情况（2）

3）加速踏板和制动踏板均未踩下。

4）车轮转速升高。

13.2.2　结构

下坡辅助控制系统的结构与上坡辅助控制系统的结构相同。

13.2.3　DAC 系统故障诊断

DAC 系统故障诊断见表 13-2。

表 13-2　DAC 系统故障诊断

指示灯	功　　能
闪烁	在下列情况下闪烁警告驾驶人： • 防滑控制 ECU 检测到 DAC 系统有故障 • DAC 系统的运作立刻中断以保护制动执行器 • 4WD 分动杆不在 L 位
	尽管 DAC 系统在下列情况下运作，DAC 指示灯闪烁以警告驾驶人： • 变速杆在 N 位 • 当 DAC 系统运作时，DAC 开关置于 OFF 位置

13.3　上坡、下坡辅助控制系统故障检修

车型：一辆上海大众朗逸轿车，搭载 1.4TCFB 发动机、7 速 DSG 变速器。

VIN：LSVND6182DNxxxxxX。

行驶里程：67524km。

故障现象：上坡起步辅助功能没有了。

故障诊断：接车后为了确认用户所描述的故障现象进行了试车，起动车辆后将车辆停放在坡道上，HHC 功能正常，可以自动制动车辆，行驶 500~1000m 后，该功能消失，车辆在坡道上有往下溜车现象。熄火重新起动，HHC 功能恢复，但再次行驶 500~1000m 后，该功能消失。

连接 V. A. S6150B，首先对车辆各个系统进行引导性故障查询，结果各系统均无故障记录。为了能正确找出故障位置，先了解一下 HHC 的工作过程，斜坡起步系统使坡面起步无须使用驻车制动，为此，该功能会延迟起步时制动缸内的压力建立，这将防止车辆在获得足够的牵引力用以斜坡起步前的倒滑，系统工作可分为 4 个阶段。

第一阶段：建立油压，如图 13-10、图 13-11 所示。上坡辅助系统液压系统如图 13-12 所示。

图 13-10　驾驶人停车并踩下制动踏板

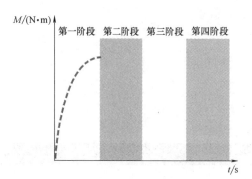

图 13-11　制动力矩使车辆停在坡面上

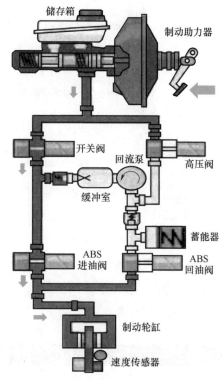

图 13-12　上坡辅助系统液压系统

踩下制动踏板，开启开关阀，关闭高压阀，通过开启的进油阀，制动器可以建立压力，回油阀关闭。

第二阶段：压力保持，如图 13-13 所示。

制动踏板松开，开关阀关闭，制动器没压力保持，这样可防止过早的压力释放。

第三阶段：释放压力，如图 13-14 所示。

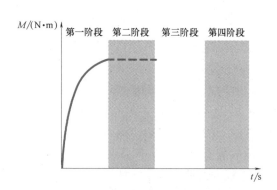

图 13-13　车辆保持静止

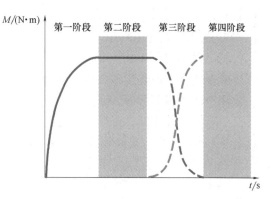

图 13-14　牵引力增加时制动力释放，刚好能防止车辆下滑

逐渐开启开关阀，由于进油阀打开，制动轮上的压力减小。

第四阶段：压力释放，如图 13-15 所示。

开关阀完全打开，无制动力施加在车轮制动器上。

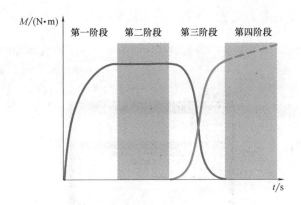

图 13-15 牵引力足够大时制动压力降至 0，车辆起步

斜坡辅助系统基于 ESP，ESP 传感器单元 G419 由一个纵向加速度传感器辅助，告知系统车辆所处位置。ESP 传感器单元 G419 集成横向加速度传感器 G200、偏转率传感器 G202、纵向加速度传感器 G251，安装在转向柱右侧、制动踏板上面。

该车故障会不会是由于 G419 传感器单元故障，导致 ESP 不清楚车辆所处位置，本来是停在坡道上，传感器得出的数值却认为是平路，从而导致 HHC 功能失效的呢？由此调取该车纵向加速度传感器数据流。

调取数据流看到纵向加速度传感器数值为-0.58（图 13-16）。当该值为"+"时，表明车辆处于上坡状态；当该值为"-"时，车辆处于下坡状态，当该值为"0"时，表明车辆处于水平状态。

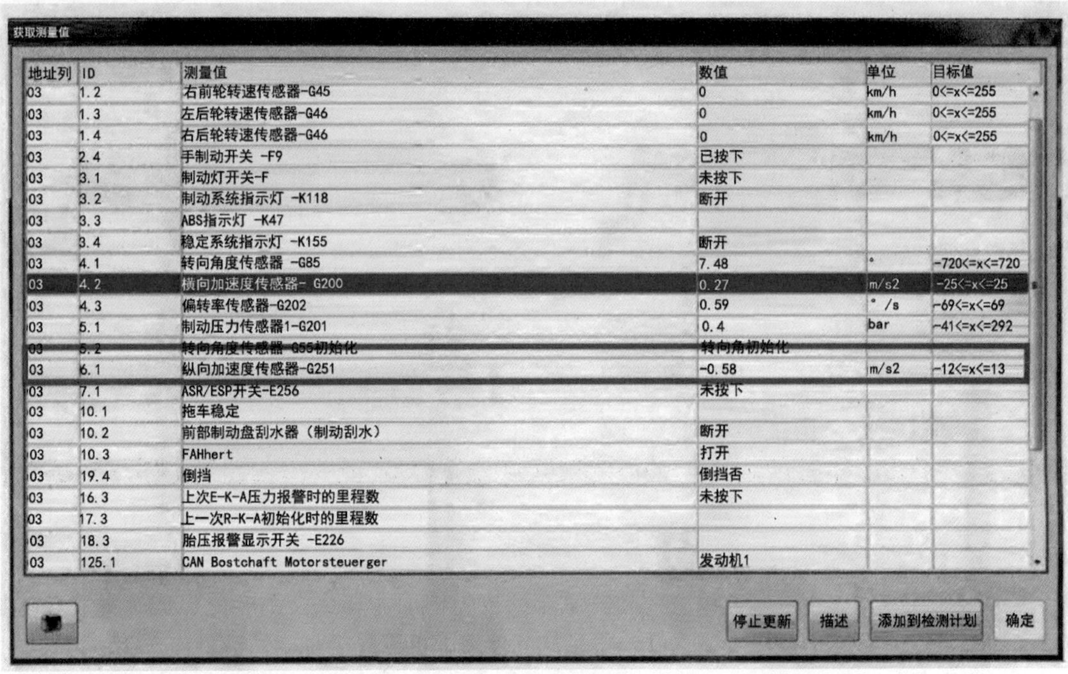

地址列	ID	测量值	数值	单位	目标值
03	1.2	右前轮转速传感器-G45	0	km/h	0<=x<=255
03	1.3	左后轮转速传感器-G46	0	km/h	0<=x<=255
03	1.4	右后轮转速传感器-G46	0	km/h	0<=x<=255
03	2.4	手制动开关 -F9	已按下		
03	3.1	制动灯开关-F	未按下		
03	3.2	制动系统指示灯 -K118	断开		
03	3.3	ABS指示灯 -K47			
03	3.4	稳定系统指示灯 -K155	断开		
03	4.1	转向角度传感器 -G85	7.48	°	-720<=x<=720
03	4.2	横向加速度传感器- G200	0.27	m/s2	-25<=x<=25
03	4.3	偏转率传感器-G202	0.59	°/s	-69<=x<=69
03	5.1	制动压力传感器1-G201	0.4	bar	-41<=x<=292
03	5.2	转向角度传感器 G55初始化	转向角初始化		
03	6.1	纵向加速度传感器-G251	-0.58	m/s2	-12<=x<=13
03	7.1	ASR/ESP开关-E256	未按下		
03	10.1	拖车稳定			
03	10.2	前部制动盘刮水器（制动刮水）	断开		
03	10.3	FAHhert	打开		
03	19.4	倒挡	倒挡否		
03	16.3	上次E-K-A压力报警时的里程数	未按下		
03	17.3	上一次R-K-A初始化时的里程数			
03	18.3	胎压报警显示开关 -E226			
03	125.1	CAN Bostchaft Motorsteuerger	发动机1		

停止更新　描述　添加到检测计划　确定

图 13-16 数据流

会不会这"-0.58"有问题呢？因为此时车辆处于水平位置，故此有这么一问。先做个基础

设定看看，能不能重新将位置记忆呢？基础设定方法如图 13-17~图13-19所示。

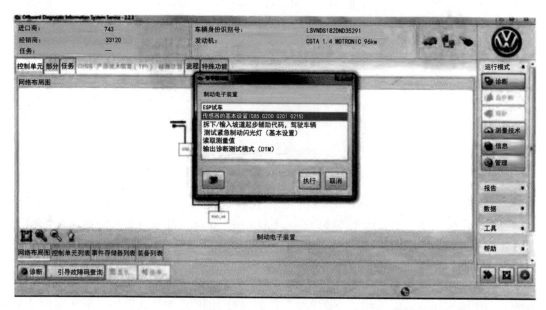

图 13-17　传感器的基本设置

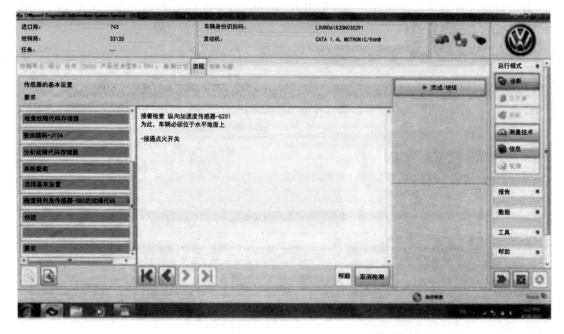

图 13-18　G251 设定

基础设定完成后，该数字并没有变化，试车，故障依旧。那么会不会是纵向加速度传感器损坏了呢？或者是传感器数据反应迟钝？于是从其他车上拆下一个传感器装上设定完成后，数据依旧不变，试车故障仍然一样。查阅相关资料看看该功能（HHC）启用条件，是否能从中找到相关的维修方向呢？坡起辅助系统功能启用条件如下：

1）车辆静止时，车速传感器获取车辆停止的信号。

图 13-19　安装引导性能工操作直至设定成功

2）坡度大于 5% 左右时，ESP 传感器单元 G419 获取坡度信号。

3）驾驶人车门必须关闭。

4）发动机必须正在运行。

5）行车制动需要启动。

按照条件对比，乍一看试车时条件完全满足，那为什么斜坡起步辅助功能会失效呢？而且为什么熄火后，功能会立即恢复，必须得跑出 500~1000m 后才会失效呢？坡起辅助系统启用条件中，要求车辆必须处于静止状态，会不会是车速传感器数据不正常？已经停止的车，而传感器还有数据输入让控制单元认为车辆处于运行状态，从而导致的功能失效呢？又或者是驾驶人侧车门信号失效，车辆在颠簸后传出了一个车门开启信号呢？连接好诊断仪 V. A. S6150B，边路试边观察数据，如图 13-20 所示，结果故障线索出现了。

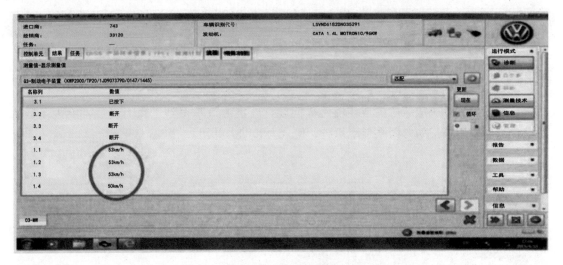

图 13-20　路试数据流

从数据中看出，当车辆行驶到 53km/h 时，右后轮速比其他 3 个轮速慢了 3km/h，当车辆停止后，数据同时变为 0，这说明右后轮传感器数据存在差异。右后轮存在什么样的问题呢？对右后轮进行详细的检查后发现，其他 3 个轮使用的米其林轮胎为 205/55R16，右后轮使用的米其林轮胎为 205/65R16。右后轮轮胎使用的扁平比和其他 3 个轮不一致。

故障排除：将右后轮胎更换至 205/55R15 后试车，故障现象消失，车辆恢复正常。

故障总结：当面对纵向加速度传感器 G251 数据为 "-0.58"，认为此是故障（后来经对比与正常车辆数据一致）。当对传感器更换和设定后不能解决问题，就感觉不知从何下手。后来对系统启用条件的分析后，还是明确了维修方向，以相同道理推想，如果问题处在左前门信号失真，舒适系统控制传出一个车门开启信号，那么这个故障将会更难。

13.4 小知识——带上坡、下坡辅助控制系统的手动档汽车坡起

1. 普通手动档汽车坡起

普通手动档车型坡起较为复杂，在车停稳后，拉紧驻车制动手柄并挂入 1 档。然后向后拉动驻车制动手柄，按下驻车制动按钮（注意不要松开驻车制动）。起步的一切准备工作完毕后，右脚松制动踏板并放到加速踏板处，适当地踩加速踏板并保持一定转速后，左脚抬离合器踏板。应先快抬至接近半联动位置，然后慢慢抬离合器踏板，同时注意倾听发动机声音的变化，待发动机运转声音发闷、转速下降时，左脚迅速停住并且保持不动，同时右脚踩加速踏板，以保持足够的动力能够顺利起步，然后慢松手制动。

注意事项：①车向前动时，离合器踏板应保持不动，使汽车平稳起步，然后慢抬离合器踏板至完全接合；②车不动、不溜时，应慢抬离合器踏板，车动后，应压住离合器踏板，车平稳起步后，慢抬离合器踏板至完全接合。

2. 带有坡道起步辅助系统的手动档汽车坡起

坡道起步辅助系统能有效地防止"溜车"并使坡道起步更加流畅。装备有坡道起步辅助系统的汽车坡起时，在驻车状态下，先按下起步辅助开关，松开驻车制动，左脚踩下离合器踏板并挂入 1 档。然后慢慢松开离合器，同时右脚配合踩加速踏板。在车辆起步后，关闭起步辅助开关。

任务十四 电动真空泵的检修

引言

目前，为了解决能源危机与环境污染问题，新能源汽车得到了大力发展，绝大多数的电动汽车多采用真空助力伺服制动系统，使人力和动力并用。

知识目标

1. 了解电动真空泵的结构与工作原理。
2. 掌握电动真空泵的控制原理。

能力目标

1. 能够制订电动真空泵的故障检修计划。
2. 能够按照故障检修计划对电动真空泵进行检修。
3. 能够解决学习和实践中的实际问题。

14.1　电动真空泵的结构和工作原理

电动真空泵按常用结构形式可分为：旋片式、活塞式和膜片式；按使用功能可分为辅助电动真空泵和独立电动真空泵。

1. 旋片式电动真空泵

旋片式电动真空泵由偏心地装在定子腔内的转子、转子槽内的旋片和外壳定子组成。转子带动旋片旋转时，旋片借离心力紧贴定子内壁，把进、排气口分割开来，并使进气腔容器周期性扩大而吸气，排气腔容积则周期性地缩小而压缩气体，借气体的压力推开阀排气，获得真空。旋片式电动真空泵的结构如图 14-1 所示。

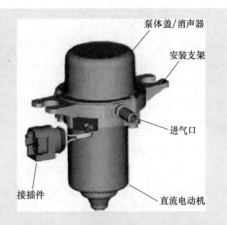

图 14-1　旋片式电动真空泵的结构

2. 活塞式电动真空泵

活塞式电动真空泵包含两个 180°对置的工作腔。电动机主轴连接一个偏心轮，偏心轮驱动转轴及活塞做往复运动，在往复运动过程中，活塞会发生偏转摇摆。活塞的往复运动引起工作腔容积的变化，产生进气和排气的效果；摇摆活塞式真空泵活塞和缸体之间有相对滑动，工作时真空泵温度会升高，活塞上活塞环与缸体之间过盈量可以通过设计进行调整，其温升比旋片式真空泵低，磨损较慢，噪声也相对较低；由于摇摆活塞式真空泵采用双腔对置结构，当一腔失效时，摇摆活塞式真空泵仍可有一定的抽取真空能力。摇摆活塞式真空泵的结构如图 14-2 所示。

3. 膜片式真空泵

膜片式真空泵包含两个 180°角对置的工作腔，膜片由一个曲柄连杆机构驱动，此曲柄连杆机构包括一个偏心机构，上面装有两个偏心轴承，推动作用在膜片上的连杆，使膜片受到推力和拉力的作用引起变形。膜片的变形使工作腔容积变化，产生摩擦较小，温升速度低，可以使真空泵有较长的使用寿命和较低的噪声。膜片式真空泵如图 14-3 所示。

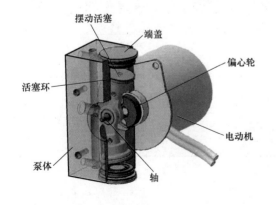

图 14-2　摇摆活塞式真空泵的结构

图 14-3　膜片式真空泵

14.2　电动真空泵在汽车中的应用

1. 纯电动汽车

纯电动汽车的发动机被电动机取代，无法为真空助力系统提供真空源，即不能产生助力的作用；此时的真空助力器不能为驾驶人提供必要助力保证，电动汽车的安全行驶成为一个必须解决的问题，而电动真空泵在汽车上的应用，能很好地解决这个难题。电动真空泵的使用可以保证助力器内的真空度维持在一定的水平，为汽车行驶提供良好的制动效能、保障行车的安全性。

2. 冬季冷起动

冬季冷起动时，变速器油、发动机机油、冷却液温度都较低，若发动机处于大负荷情况下，节气门全开，真空度为零，无法为真空助力系统提供有效的助力，这时驾驶非常危险，随着发动机负荷的降低，真空度逐渐增大，助力效果逐步恢复。配备有电动真空泵的电动汽车，在冬季也有良好的制动性能。

3. 高原环境下

在高原环境下，由于空气中氧的质量浓度的减少，燃烧相同的燃油量需要更多的空气。在这种情况下，节气门一般都是全部开启，以便在高原环境下吸入更多空气让燃油充分燃烧，获取更大的动力。但是在节气门全开的情况下，发动机从真空管抽取的气体量会减少，导致真空助力制动系统中的真空度下降。在平原发动机怠速状态下，最大真空度达到 35～38kPa，而在海拔 2800m 的高原环境，发动机怠速状态下，最大真空度仅达到 24～26kPa，真空度损失了 10kPa 左右，此时真空助力器不能提供足够的助力，会导致制动力下降和制动踏板发硬。配备有电动真空泵的车辆，在高原环境中，调节了真空助力器的真空度，保障了车辆的制动力。

14.3　电动真空泵对比

电动真空泵对比见表 14-1。

表 14-1　电动真空泵对比

	膜片式	叶片式	摇摆活塞式
摩擦及温升	低摩擦、温升速度低	高摩擦、温升速度快	温升速度一般
持续工作时间	>200h	/	<15min
使用寿命	>1200h	1200～4000h	>400h
噪声	<60dB	<70dB	<60dB
质量	<2.5kg(1.9kg)	/	<1.6kg
应用领域	质量大、噪声低、工作时间长、价格高,主要作为独立泵使用	质量小、噪声高,技术成熟,应用范围广,可做独立泵或辅助泵	质量较好,噪声低,可作为辅助泵

14.4　电动真空泵故障检修

故障案例：一辆上海大众帕萨特 B5 轿车，配有 BEF 发动机（2.0L）和 4 档自动变速器，行驶里程为 70000km。驾驶人制动时，发动机舱内左前方有响声。

故障诊断：经检查发现，该车起动后在怠速工况下，只要踩制动踏板，位于发动机舱左前方用于制动助力装置的电动真空泵就立即工作。原来正常工作时只要1~2s，现在要工作1mm以上才会停下来。

维修人员先后更换制动助力系统真空管及其单向阀、制动助力装置、制动灯开关、绝对压力传感器、发动机控制单元，最后把除制动用真空管之外其他真空管路都堵住了，但都无法解决问题。在工作过程中发现：①在踩制动踏板电动真空泵工作时，诊断仪自诊断01-08-08二区显示18kPa，1min后电动真空泵停止工作，显示值还是18kPa；②在拔下制动真空管上的绝对压力传感器插座后，电动真空泵就不停地转动（在自诊断01-08-08三区显示的压力值固定在11kPa），插上该传感器插座，电动真空泵很快就停转（此时三区中显示值恢复到32kPa）；③拔下除制动真空管以外其他任一真空管并堵住接口，电动真空泵无任何转动迹象；④更换新的发动机控制单元，做了防盗匹配和基本设定后踩制动踏板，电动真空泵不再转动且能维持1h左右；再次故障后，再做一次断电、清码和01-08-08电动真空泵的基本设定后，电动真空泵又能工作1h。电动真空泵电路如图14-4所示。

本车的控制方式是闭环型的，也就是说，在这种控制系统中，与制动助力装置相连的真空管上装有绝对压力传感器。在闭环控制过程中，制动助力装置的压力会受到绝对压力传感器的持续监测，而发动机控制单

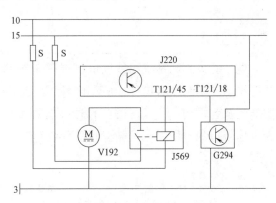

图 14-4　电动真空泵电路

G294—制动助力系统的绝对传感器　J220—发动机控制单元
J569—电动真空泵继电器　V192—电动真空泵　S—熔丝

元将此监测值在车辆行驶中或怠速时不断与其储存的设定值进行比较，以控制电动真空泵的工作。制动助力装置真空管的压力值及与此相关联的制动踏板工作状态对电动真空泵能否工作都起着重要作用。也就是说，进气歧管里的真空有泄漏，或者制动踏板工作引起空气导入，或者其总量只要达到一定值，电动真空泵就会立即投入工作。

现在的问题是进气管系统无泄漏，制动助力装置上真空管里真空值无不正常的迹象，制动开关工作时信号能正常到达发动机控制单元。那么还有哪些因素会干扰电动真空泵的工作呢？闭环控制有时（绝对压力传感器失效）和开环控制一样，采用负荷、发动机转速、节气门信号和制动灯开关信号来计算制动助力装置内的压力。其中，负荷和节气门信号既然参与了计算，就有可能是导致故障产生的原因。果然在发动机类目下发现有一个17551故障码，也消除不掉，其意思是超过负荷确定水平。在电子节气门执行发动机控制单元下达的负荷确定指令时，如果其本身有故障，它就不能按虚工作，而只能按实工作。怠速自学习在不断纠正过量工作的同时，故障码就会记录下来。根据以上分析，更换了电子节气门，做了断电、清码、匹配和设定。起动后在怠速工况下踩制动踏板，电动真空泵不再工作。

14.5　小知识——真空助力器与空档滑行

现代轿车为减轻驾驶人制动时的踏板力，大都采用了真空助力器，利用发动机进气管的真空度来增加对制动总泵推杆的推力。以某汽车为例，发动机进气管内的真空度通过单向阀作用到真空助力器膜片前腔，继而通过真空通道作用到膜片后腔，当踏下制动踏板后，控制

阀推杆推动控制阀柱塞前行，直至将真空通道关闭，而外部空气则通过大气通道进入膜片总成后腔，从而造成前、后腔的压力差，进而完成制动助力作用。

驾驶人在操作过程中将变速杆放入空档后，由于某些不定因素的影响，汽车在空档滑行的过程中，发动机容易熄火，熄火后就使发动机进气管内不能形成真空度，因此，真空助力器前腔和后腔就不能形成压力差，此时真空助力装置将失去作用。驾驶装有真空助力器的汽车时应避免空档滑行。

任务十五　电子驻车制动系统的检修

引言

电子驻车制动系统和传统机械式驻车制动系统相比，操作简单省力，小巧的按钮代替了传统的驻车制动器拉杆，使车内美观、空间得到更好的利用。电子驻车制动系统配合电控单元及各机构，可以在适当的时候制动和驻车。由于电子驻车制动系统的执行机构只接受电信号指令，所以电子驻车制动系统在车辆防盗系统中起到很重要的作用。

知识目标

1. 了解电子驻车制动系统的组成和工作原理。
2. 掌握电子驻车制动系统的控制原理。

能力目标

1. 能够制订电子驻车制动系统的故障检修计划。
2. 能够按照故障检修计划对电子驻车制动系统进行检修。
3. 能够解决学习和实践中的实际问题。

15.1　电子驻车制动系统的分类

15.1.1　整合卡钳式电子驻车制动系统

整合卡钳式电子驻车制动系统放弃了钢索牵引式驻车制动系统的钢索，采用了导线进行信号传递，因而有利于车辆组装及驻车制动系统简化。但整合卡钳式电子驻车制动系统需要专用的制动卡钳和相关的驻车制动执行机构，因而成本较高。

图15-1所示为大众迈腾轿车的卡钳式电子驻车制动系统驱动部件结构图。它由电动机、传动带、减速机构、心轴螺杆以及制动活塞组成。整个电子驻车制动系统的执行部件均位于后轮制动卡钳上，信号通过导线传导。

当驾驶人按动电子驻车制动系统按钮时，电子驻车制动系统控制模块接收来自按钮的信号。如果当前车辆的行驶状态符合EW中预设的条件，控制模块会向执行机构的电动机施加12V电压让其转动。电动机释放的转矩通过减速机构传递到心轴螺杆，心轴螺杆通过螺栓螺母机构推动制动活塞轴向运动实现对后轮的制动。整合卡钳式电子驻车制动系统如图 15-2 所示。伺服电动机系统如图 15-3 所示。

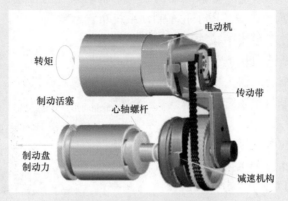

图 15-1　大众迈腾轿车的卡钳式电子驻车制动系统驱动部件结构图

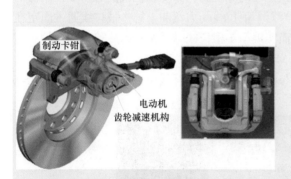

图 15-2　整合卡钳式电子驻车制动系统

图 15-3　伺服电动机系统

在发生故障的情况下（例如电源断电，电气故障），锁止的制动盘只可以用机械方式解锁。打开随车工具里的紧急情况锁，用千斤顶将车抬高，相应的轮脱离地面。用紧急随车工具转动螺栓孔，可以将执行器从制动钳分开，中心轴与应急锁的反面一侧就可以旋开。紧急随车工具如图 15-4 所示。

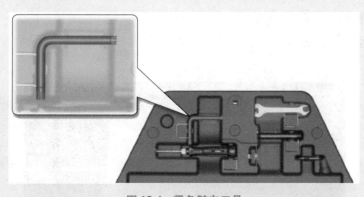

图 15-4　紧急随车工具

15.1.2　拉线式电子驻车制动系统

拉线式电子驻车制动系统保留了传统机械驻车制动系统的拉线，它是早期应用的一种过渡产品。图15-5所示为拉线式电子驻车制动系统布置示意图。

此拉线和传统的驻车系统中拉线所起的作用完全一样，就是把力从电子驻车制动系统总成传递到驻车制动器上实现驻车功能。拉线式电子驻车制动系统有单拉线式和双拉线式两种。

双拉线有较大的拉线效率，拉线行程短，但布置没单拉线灵活，产生相同的拉力时，控制器需要加载的力大。工作时，双拉线电子驻车制动系统控制器同时带动两根拉线运动，带动制动器驻车。单拉线式，电子驻车制动系统控制器是只带动了一根拉线，然后通过拉索平衡器带动后面的两根拉线驻车。

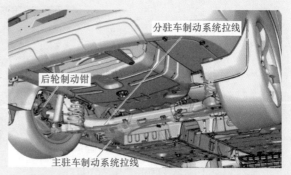

图15-5　拉线式电子驻车制动系统布置示意图

单拉线式电子驻车制动系统1根拉线带动两根拉线的原理为：第1根拉线的芯线在控制器的带动下产生移动，其带动拉线向右移动，然后因为第1根拉线受力弯曲，第1根拉线通过固定在其拉线护套上面的平衡器带动拉线向左移动，从而实现了1根拉线带动两根拉线移动的目的。

1. 电子驻车制动系统松开状态

电子驻车制动系统松开时，电动机带动蜗杆套和蜗杆旋转，松开线束，松开弹簧，如图15-6所示。

电动机　　　控制蜗杆套　　　蜗杆

图15-6　电子驻车制动系统松开状态

2. 电子驻车制动系统拉紧状态

电子驻车制动系统拉紧时，电动机带动蜗杆套和蜗杆旋转，拉紧两个线束，拉紧弹簧，如图15-7所示。

电动机　　　控制蜗杆套　　　蜗杆

图15-7　电子驻车制动系统拉紧状态

15.2　电子驻车制动系统的工作原理

1. 车速小于7km/h

驾驶人通过按动电子驻车制动系统按钮使用驻车制动系统，位于后轮制动钳上的驻车制动系统控制模块电动机开始转动，对驻车制动系统盘施加制动力；同时传统的液压制动介入工作，让制动响应更加敏捷。车辆在驻车时，驾驶人通过踩加速踏板或者踩制动踏板（使制动力达到10bar）能实现自动释放驻车制动系统。

2. 车速大于7km/h

驾驶人按动并按住电子驻车制动系统开关，会启动动态紧急制动功能。当行车制动器工作正常时，会通过ESP控制行车制动器对4个车轮进行制动。

电子驻车制动系统的工作过程如图15-8所示。

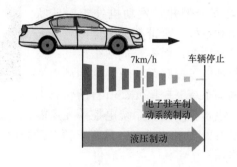

图15-8　电子驻车制动系统的工作过程

视频22
电子驻车制动系统的操作

15.3　电子驻车制动系统开关电路

电子驻车制动系统开关电路如图15-9所示。

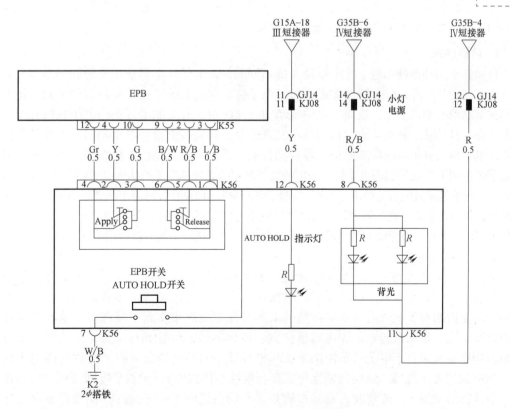

图15-9　电子驻车制动系统开关电路

15.4　自动驻车制动系统的激活条件和工作原理

15.4.1　自动驻车制动系统激活条件

自动驻车制动功能由位于副仪表台中央控制面板上单独的开关操作，如图15-10所示。当按下自动驻车制动开关并且该功能被激活时，开关内的工作警告灯亮，此时便会启动相应的自动驻车功能。激活自动驻车制动功能前必须保证：驾驶人侧车门关闭、驾驶人系好安全带并且发动机处于运转状态。其中，车门关闭和系好安全带是为了保障驾驶人始终控制自动驻车制动功能，而不是偶然被启动；发动机运转则是为了保证电子控制系统有足够的动力产生，这样电子驻车制动系统电控单元在所有的状态下都能提供安全驻车。电子驻车制动系统电控单元还能

图15-10　自动驻车制动按钮

够准确地感应车辆是否处在制动状态，只有车辆在静止时才能有效激活该功能，车辆行驶中或倒车时系统不起作用。

15.4.2　自动驻车制动系统的功能和工作原理

自动驻车制动系统激活信息通过其所连接的电子驻车制动电控单元识别、确认，并经由总线传递到电子稳定装置控制单元，借助总线网络上的协同运作来实现自动驻车和动态启动辅助两大功能。这两大功能实现的先决条件是电子稳定装置和电子驻车制动系统的有机结合。电子稳定装置主要负责停车时4个车轮的制动力矩；电子驻车制动系统在自动驻车制动相关功能关闭或失效后能以备用安全模式保证安全。

1. 自动驻车

自动驻车制动系统和电子驻车制动系统不同的是，电子驻车制动系统的驻车制动是通过按下驻车制动开关并且驻车制动被激活时，电子驻车制动系统电控单元控制位于两后轮上的电子驻车制动电动机工作，施加一定的制动力，此时位于驻车制动开关内电子机械驻车制动警告灯亮。自动驻车制动系统的自动驻车实现的是，只要按下自动驻车制动开关并且激活该功能，电子自动驻车制动功能便会全程自动控制。具体来说就是使车辆在集成的两种不同的制动系统作用下自动停稳而且受控。采用的电子稳定装置控制功能的功能电磁阀维持4个车轮的制动力，而不是通过两后轮的电子驻车制动装置电动机。如果在暂时停车后想继续前行，系统能够识别，制动会自动释放。熄火后会自动转换到电子驻车制动装置驻车制动。因此驾驶人无需使用驻车制动。另外，坡路溜车的危险，尤其是针对手动变速器车辆，将会被降低到最小。

2. 动态启动辅助

动态启动辅助功能使驾驶人无振动地、平顺地将停驻的车辆起动，而不必分阶段地释放驻车制动。例如在车辆起动时需要同时操作离合器和加速踏板的动作即可省略。动态启动辅助功能借助对5个所需的重要参数的采集和计算处理来实现平顺起步。这5个参数分别为倾斜角度、发动机转矩、加速踏板位置、离合器踏板位置和行车方向。其中行车方向和倾斜角度参数来自于电子驻车制动系统与电控驻车制动装置集成在一起的传感器组合信号（横向加速度传感器、纵向加速度传感器和偏移率传感器），倾斜角度则是从纵向加速度信号中计算出来的。只要驾驶人起动车辆并且车辆前进的力矩超过驻车制动控制单元计算出的向后力矩，驻车制动就会自动释放。

　　自动变速器车辆的档位信息通过 CAN 总线传递，而手动变速器车辆则必须要分析离合器的动作顺序。因此在已有的离合器霍尔传感器模块中集成了一个特殊的离合器传感器。离合器的霍尔传感器 2（图 15-11）是模拟信号传感器，向驻车制动控制单元提供脉宽调制信号。控制单元分析离合器的位置和离合器踏板的动作速度，计算出动态加速的最佳释放制动时刻。自动驻车制动系统通过坡度传感器由电子驻车制动装置电控单元给出准确的制动力。在起步时，结合离合器位置、加速踏板传感器和发动机转矩等提供的信息，通过计算，当驱动力大于行驶阻力时自动释放驻车制动，汽车处于类似平稳起步状态。图 15-12 所示为自动驻车制动开关 E540 的电路。

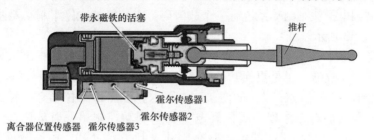

图 15-11　离合器的霍尔传感器

视频23
自动驻车制动
系统的操作

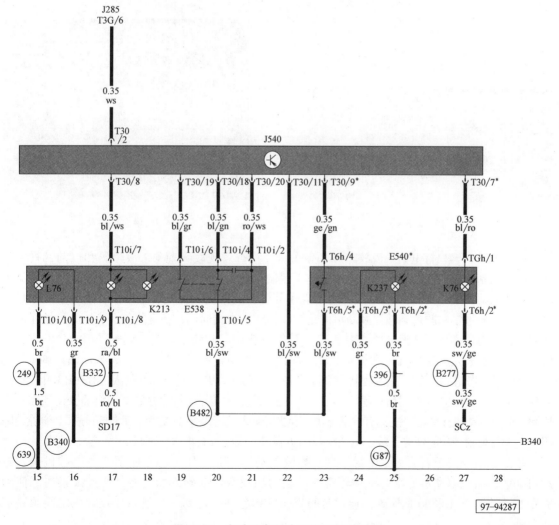

97-94287

图 15-12　自动驻车制动开关 E540 的电路

15.5　电子驻车制动系统故障检修

故障现象：一辆一汽大众迈腾 B7L，搭载 1.8TSI 发动机，行驶里程为 25768km，车主抱怨驻车制动灯报警，驻车制动有时失效。

故障诊断：经检查，该故障车辆装备了电子机械式驻车制动系统，在驻车制动时只需操作一个电子开关 E538，就可实现以往使用的拉杆式或脚踏式操作机构的驻车制动。首先验证故障现象，发现驻车制动故障灯一直亮，电子驻车制动失效。维修人员用大众专用诊断仪 V. A. S6150 检测到电子驻车制动系统有一个故障码：电气机械式停车制动器按钮 E538 电路电气故障，如图 15-13 所示。

故障码清除之后，发现电子驻车制动功能恢复正常。维修人员根据故障码判断是电子驻车制动按钮 E538 故障，于是更换新的驻车制动按钮，结果不但故障没有排除，而且控制单元多了两个清除不掉的故障码，如图 15-14 所示。根据诊断仪第 2 次读到的故障码的提示：16352 控制单元静态，修理人员怀疑电子驻车制动控制单元有故障，于是将驻车制动按钮及中央通道拆下，更换了新的电子驻车制动控制单元 J540，用诊断仪对新的驻车制动控制单元进行编码、设定。试车后，驻车制动功能恢复正常，于是就交车了。

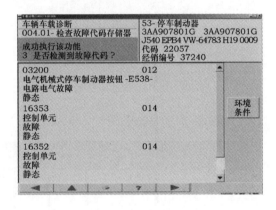

图 15-13　故障码 1　　　　　　　　　　　图 15-14　故障码 2

两星期后，客户打电话来说故障灯又亮了。经检查发现故障现象、故障码和以前一样，替换新的驻车制动按钮后，故障依旧。测量电子手制动按钮 E538 的电路，没有发现异常。当拔下电子驻车制动控制单元 J540 线束插头时发现了问题，线束插头上充满了油液。这油液到底是从哪来的呢？通过油的颜色和油质判断可能是制动油或动力转向油，怀疑是某个有压力的单元油液泄漏，在压力的作用下油液顺导线内芯流到 J540 插头内导致线束短路。该车采用的是电控助力转向，因此怀疑是变速器机电单元液压油。拔下变速器机电单元插头，没有发现泄漏，剩下只能是制动油了。考虑到该车装备的是电子机械式驻车制动（EPB）系统，驾驶人操作 EPB 开关，控制单元 J540 控制两电动机对后轮实施制动。于是分别拔下两后轮制动分泵电动机插头，当断开右后制动分泵电动机插头时，立刻有油液流出，至此故障根源已找到，更换右后制动分泵，清除故障码，电子驻车制动功能恢复正常。电话跟踪回访客户，故障没有再次出现过。

故障总结：由于右后分泵密封不良，导致制动油在制动压力的作用下通过电动机进入电动机插座，而该电动机插座有密封环密封，制动油没有泄漏到外面，而是通过线束内芯流到驻车制动控制单元 J540 插座处。通过时间累积越积越多，达到一定量时导致线束之间短路产生故障。

15.6 小知识——驻车制动的种类

1. 手拉式驻车制动

手拉式驻车制动即用手拉驻车制动器的方式进行制动。驻车制动器（图 15-15）一般位于驾驶人右手下垂位置，方便使用。

2. 脚踏式驻车制动

脚踏式驻车制动即用踩制动踏板（图 15-16）的方式进行制动，常出现在 B 级车型上。

3. 电子式驻车制动

越来越多车型都配备了电子驻车制动，它是传统驻车制动的升级，变传统驻车制动的手拉为电动，一个小小的按键就能启动和关闭驻车制动功能。

图 15-15   驻车制动器

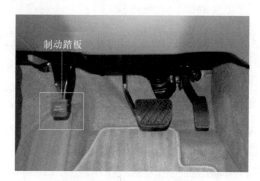

图 15-16   脚踏式驻车制动

任务十六 线控制动系统的检修

引言

随着电子控制技术在汽车上的广泛应用，线控制动技术作为一种新技术被各大汽车制造厂家所推崇，有的厂家已投入研发或已在试验车上进行试验验证。线控制动与传统制动技术相比具有结构简单、功能完善、响应迅速等特点，随着新能源汽车、驾驶辅助以及自动驾驶的普及，线控制动技术替代汽车传统的制动技术已是趋势。

知识目标

1. 了解线控制动系统的构造与工作原理。

2. 掌握线控制动系统的控制原理。

能力目标

1. 能够制订线控制动系统的故障检修计划。

2. 能够按照故障检修计划对线控制动系统进行故障检修。

3. 能够解决学习和实践中的实际问题。

16.1 线控制动系统的特点与分类

传统制动是由驾驶人踩下制动踏板，利用液压或气压驱动制动器工作，完成对汽车的制动。线控制动（Brake-By-Wire）是由电源导线取代传统制动的机械连接，集成有位置传感器的电子制动踏板取代机械制动踏板（类似于电子加速踏板），当驾驶人踩下制动踏板时，制动踏板上的位置传感器将制动踏板的行程信号通过连接线传递给电控单元（ECU），ECU 根据制动踏板行程的信号并结合其他信号综合分析车辆的行驶工况，计算出每个车轮需要的理想制动强度，并对安装在各车轮上的电动机或其他动力源发出指令，驱动制动器工作，实现对车轮的制动。

根据工作原理的不同，线控制动系统分为电子液压线控制动（EHB）系统和电子机械线控制动（EMB）系统两种。

16.2 电子液压线控制动系统的结构和工作原理

电子液压线控制动（EHB）系统是在传统制动的基础上，将电子元件与原有的液压系统整合到一起，该系统也可以视为是线控制动控制技术的前期产物。

当驾驶人踩下制动踏板时，集成在制动踏板上的传感器将制动踏板的行程及驾驶人踩下控制踏板时的速度，转换为电信号传递给制动控制单元（ECU），ECU 通过 CAN 总线与外部系统交流，综合其他电信号判断车辆的运行工况，计算出每个车轮的最佳制动力，并通过智能接口输出控制信号到液压系统。液压系统包含由电动液压泵和高压蓄能器组成的液压供给部分和车轮制动压力模块。车轮制动压力模块独立地控制和调节各个车轮制动器中的油压大小，进液阀开启，液压供给部分的高压油液进入车轮制动器，使制动器工作对车轮产生制动力。当减小车轮制动强度或解除制动时，出液阀开启，车轮制动器中的油压降低，制动力随之减小，直至制动器完全退出工作。此外，为了使驾驶人对制动强度有直观的感受，线控制动系统中通常采用制动踏板行程模拟器。踩制动踏板的行程越大，模拟器上的阻力就越大，使驾驶人在使用线控制动系统时和使用传统的液压制动系统感受基本相同。电子液压线控制动系统的工作原理如图 16-1 所示。

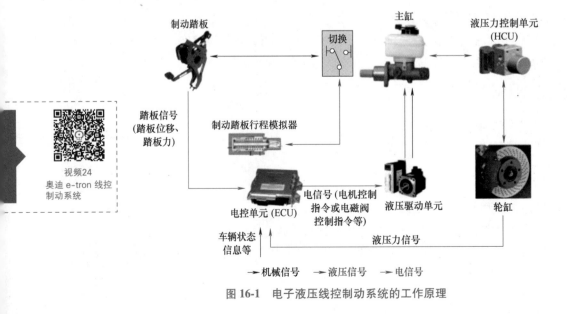

视频24
奥迪 e-tron 线控
制动系统

图 16-1 电子液压线控制动系统的工作原理

为防止 EHB 系统失效造成制动失灵，EHB 系统仍然保留着传统的液压制动系统。当 EHB 系统失效时，备用开关打开，制动踏板连接的制动主缸通过备用开关连接各个车轮制动器的制动轮缸，进入常规的液压系统制动模式，保证车辆制动的基本需要。EHB 系统的车轮制动压力模块能根据汽车行驶工况要求，计算出各车轮需要的制动力并分别进行控制，所以，EHB 系统能够有效减少车辆制动距离，提高行驶安全性。另外，EHB 系统能通过软件集成如 ABS、ESP、TCS 等功能模块，进一步提高行车的安全性及舒适性。

由于 EHB 采用了线控技术，在制动器和制动踏板之间没有液压或机械连接，因此，当制动强度过大、进行防抱死调节时，制动踏板上感受不到由于液压管路油压波动产生的反冲作用力，提高了驾驶人的操作舒适性。

当制动器涉水后，EHB 系统可以通过适当的制动动作恢复制动器的干燥，保持制动器的工作性能。与传统的液压或气压制动系统相比，EHB 系统具有无可比拟的优越性，其结构紧凑、响应迅速、制动力可精确控制，易于实现再生制动、提高了制动效能、制动噪声更低、不需要助力机构、改善了驾驶人的操作舒适性。

16.3 电子机械线控制动系统的结构和工作原理

电子机械线控制动（EMB）系统是一种全新的设计理念。EMB 系统完全摒弃了传统制动系统的制动液及液压管路等部件，由电动机驱动产生制动力，每个车轮上安装 1 个可以独立工作的电子机械制动器，系统工作时，制动控制单元（ECU）接收制动踏板传来的踏板行程信号及踩制动踏板的速度信号并结合其他电信号，明确汽车行驶状态，分析各个车轮上的制动需求，计算出各个车轮的最佳制动力大小，并输出控制信号，分别控制各车轮上的电子机械制动器中工作电动机的电流大小和转角，通过电子机械制动器中的减速增矩以及运动方向转换，将电动机的转动力矩转换为制动钳块的夹紧力，产生足够的制动转矩。制动强度的调整以及解除制动通过 ECU 输出电信号控制电动机的电流大小和转角来实现。EMB 系统内没有液压驱动和控制部分，机械连接只存在于电动机到制动钳的驱动部分，由导线传递能量，数据线传递信号，因而称为完全的线控制动系统。

EMB 系统的关键部件之一是电子机械制动器，它通过减速增矩以及运动方向转换，将电动机的转矩改变为制动钳块的夹紧力，通过相应的机构或控制算法补偿由于摩擦片的磨损造成的制动间隙变化。同时，电动机和驱动机构等都装在制动器上，其结构设计必须十分紧凑，以满足空间要求。电子机械制动器按其结构特点和工作原理可以分为两大类。

（1）无自增力制动器　电动机通过减速增矩的机械执行机构产生夹紧力作用到制动盘上，制动力矩与制动盘和摩擦片之间的压力、摩擦系数呈线性关系，因而控制驱动电动机的电流和转角大小即可实现对制动转矩的控制。其控制系统相对简单，制动器的工作性能稳定，但对于电动机的功率要求较高，因而尺寸较大。无自增力制动器的结构如图 16-2 所示。

（2）自增力制动器　在制动盘与制动钳块之间增加了一个楔块，制动工作时，制动盘的摩擦力有使楔块楔入、增大夹紧力的趋势，从而产生自增力效果，故又称为电子楔块制动（Electro15ic Wedge Brake，EWB）。这一类制动器中，电动机驱动楔块移动，与摩擦片接触后，自增力机构作用使压力增大，产生更强的制动效能，因此电动机的功率较小，装置的体积和质量也较小。EWB 的制动效能取决于楔块的工作状况，因此对楔块的工艺及精度要求很高，不易加工，而且其制动稳定性相对较差，难于控制。自增力制动器的结构如图 16-3 所示。

与 EHB 系统相比，EMB 系统中没有液压驱动部分，系统的响应速度更快，工作稳定性和可靠性更好，但由于完全采取线控的方式，不存在备用的制动功能，因而对系统的工作可靠

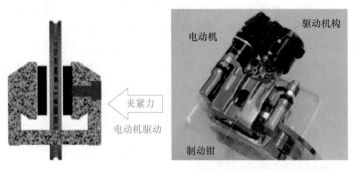

图 16-2 无自增力制动器的结构

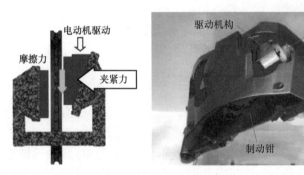

图 16-3 自增力制动器的结构

性和容错要求更高。与传统制动系统相比，EMB 系统主要由电子机械制动器、ECU 和传感器等组成，结构极为简单紧凑，从而使制动系统的布置、装配和维修都非常方便，同时由于减少了很多现有部件，大大减小了系统的质量，更为显著的是随着制动液的取消，使环境得到很大程度的改善。另外，使用电信号控制电动机，使制动系统的响应时间缩短，同时，传感器信号的共享以及制动系统和其他模块功能的集成，便于对汽车的所有行驶工况进行全面的综合控制。

16.4 制动踏板位移传感器故障检修

制动踏板位移传感器是一种接触式旋转位移传感器，采用 5V 供电，其输出电压与踏板旋转的绝对位移呈线性关系，这样通过电压输出就可以转化为制动踏板的位移。

制动踏板位移传感器的供电电压为 5V，其正常工作电压范围为 0.5~4.5V，转化为对应 5V 的百分比参考电压为 15~90%V，对应的踏板位移是 0~140mm。当 ECU 检测到的电压信号超出此范围，如果只是偶尔一次，ECU 的诊断程序不会认为是故障；如果不正常信号持续一段时间，则故障诊断程序即判定制动踏板位移传感器电路存在故障。此类故障分为两种。

1）传感器对搭铁短路传感器的输入电压或相应的信号低于某一个特定的值（10%V）。

2）传感器对电源短路传感器的输入电压或相应的信号大于某一个特定的值（90%V）。

16.5 小知识——博世 iBooster 线控制动系统

为了环保节能、智能和安全，新能源汽车技术和自动驾驶技术不断发展，对底盘电控系统有了更高要求，线控制动产品应运而生，如博世研发了 iBooster、大陆研发了 MKC1、日立研发了 EACT 等。

iBooster 主要包括助力电动机、助力传动机构、推杆机构、行程传感器、主缸等系统部件。为了更好地实现轻量化，主动驱动小齿轮采用钢制齿轮，其他传动齿轮均采用非金属材料。图 16-4 所示为博世 iBooster 线控制动系统结构。

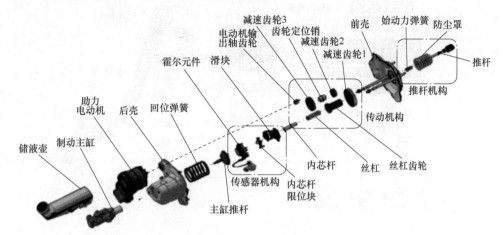

图 16-4　博世 iBooster 线控制动系统的结构

驾驶人踩制动踏板时，输入推杆产生位移，制动踏板位移传感器检测到输入推杆的位移后将该位移信号发送至控制器，控制器计算出电动机应产生的转矩，再由传动装置将该转矩转化为伺服制动力。伺服制动力与制动踏板的输入产生的输入推杆力一起作用，在制动主缸内共同转化为制动器轮缸液压力来实现制动。

博世 iBooster 线控制动系统不依赖真空源，取消了传统的真空泵和真空软管，体积更小，整个制动系统质量更小，无须消耗能量建立真空源。同时，其助力形式不受外界气压影响，让制动系统没有高原反应。博世 iBooster 线控制动系统与传统真空制动系统的对比如图 16-5 所示。

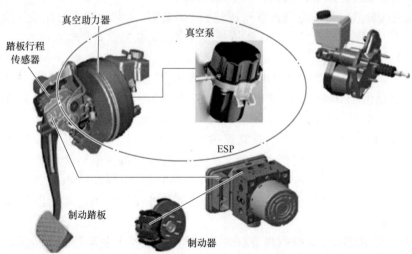

图 16-5　博世 iBooster 线控制动系统与传统真空制动系统的对比

iBooster 采用齿轮-梯形丝杠减速增矩机构，将电动机的转动转化为制动总泵活塞的平动，建立制动压力。制动踏板推杆与执行机构总泵活塞推杆之间通过间隙的方式进行一定程度的解耦。图 16-6 所示为 iBooster 的结构。

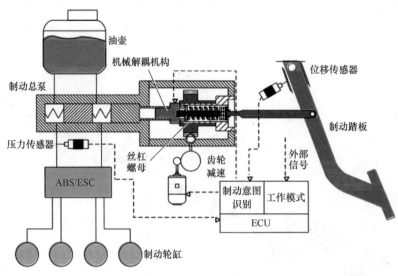

图 16-6　iBooster 的结构

　　iBooster 属于非解耦踏板系统，助力原理和真空助力器类似，因此具有最真实和自然的踏板感，驾驶人能直观地感受到制动系统的变化。例如，ABS 回馈力和制动片的衰退等，能减少安全隐患。制动踏板特性可通过软件标定调整实现，可调的制动踏板特性参数有跳增值、助力比、拐点和迟滞。

1. 双安全失效模式

　　如果车载电源不能满负载运行，iBooster 即以节能模式工作，以避免给汽车电气系统增加不必要的负荷，同时防止车载电源发生故障。iBooster 发生故障时，ESP 会接管并提供制动助力（主动增压）。ESP 的主动增压会伴随着比较强烈的振动和噪声。在上述两种情况下，制动系统均可在制动踏板力作用下，提供 0.4g 的减速度。

　　如果车载电源失效（即断电模式下），驾驶人可以通过无制动助力的纯液压模式对 4 个车轮施加车轮制动，使车辆安全停止，这和传统的真空助力器失效安全模式一致。

2. 再生制动

　　与 ESP hev 系统（带制动能量回收功能的 ESP）组合使用时，可实现高达 0.25g 减速度的能量回收。这是由于 iBooster 能够通过软件控制，随时根据液压条件调节助力器的伺服力。如此高的制动能量回收水平，可使电动汽车的续驶里程增加 20% 以上。当驾驶人踩下制动踏板时，制动踏板位移传感器会计算驾驶人的制动请求。ESP hev 系统向电动机请求与踏板行程相一致的制动转矩并使汽车减速。由驾驶人脚部切换至制动系统的液压容积暂时保存在 ESP hev 的低压蓄能器内，这意味着车轮制动不产生制动转矩。如果电动机不能利用回收方式满足制动请求，低压蓄能器中的可用容积将转移至车轮制动器，且汽车会通过传统制动进行减速。

　　iBooster 可不受减速水平影响而调整制动踏板感，并在整个制动范围内传递一致的制动踏板感。

3. 驾驶辅助

　　通过电动机工作，iBooster 能够实现主动建压，而无须驾驶人踩下制动踏板。其与典型的 ESP 系统相比，获得所需制动力的时间缩短了 2/3，并且可通过电控系统进行更加精确的调节。紧急情况下，iBooster 可在约 120ms 内自动建立全制动压力，这不仅有助于缩短制动距离，还能在碰撞无法避免时降低撞击速度和对乘员的伤害风险。

iBooster 支持自适应巡航控制（ACC）模式，可帮助驾驶人进行舒适制动直至汽车完全停止。

创新与突破　国产防抱死制动系统（ABS）打破垄断

汽车防抱死制动系统（ABS）在关键时刻能为车主的生命安全撑起"保护伞"。此前，ABS 技术一直都被国外企业垄断，直至 2005 年浙江亚太机电股份有限公司成功研发并率先实现产业化，打破了国外企业在该领域的垄断局面，为中国汽车配套企业赢得了发展机会。作为国内唯一一家能研发、生产整套汽车制动系统的公司，亚太公司在生产高品质产品的基础上，斥巨资购买先进的检测设备，保证每一件产品的质量。据介绍，亚太的产品已涵盖 ABS、盘式制动器总成、鼓式制动器总成等在内的 100 多个系列、500 多个品种。

为了确保产品质量的万无一失，亚太公司的 ABS 产品以及其他产品在经过一道道严格的测试后，还要进行实车测试才会出售。为了测试产品在极端环境下的工作情况，在温度低于-20℃的冰面上和温度高于 40℃的沙土路上分别进行实车试验，保证生产的汽车零部件具有高标准的安全性能。

浙江亚太机电股份有限公司生产的 ABS 打破了国外垄断，是名副其实的"国货之光"。

复　习　题

一、选择题

1. ABS 中轮速传感器的作用是（　　）。

A. 检测车轮转速　　　B. 调节制动压力　　　C. 控制电磁阀　　　D. 存储制动液

2. 霍尔式轮速传感器是利用（　　）原理制成的。

A. 电磁感应　　　B. 霍尔效应　　　C. 压电效应　　　D. 热电效应

3. ABS 的制动压力调节装置中，回流泵的主要作用是（　　）。

A. 提供制动压力　　　　　　　　B. 将制动液泵回到制动总泵

C. 储存制动液　　　　　　　　　D. 减少液压脉冲幅值

4. ABS 电磁阀的控制状态有（　　）。

A. 1 种　　　B. 2 种　　　C. 3 种　　　D. 4 种

5. ABS 的工作过程中，保压阶段是指（　　）。

A. 进油阀开，出油阀关　　　　　B. 进油阀关，出油阀开

C. 进油阀关，出油阀关　　　　　D. 进油阀和出油阀同时打开

6. 在自动泊车过程中，（　　）用于控制距离和在垂直泊车时调整车辆位置。

A. 前保险杠上的侧面超声波传感器

B. 后保险杠上的侧面超声波传感器

C. ESP 传感器

D. ABS 传感器

7. 在 ESP 故障诊断中，如果读取到"左前轮速信号范围超差"的故障码，其可能的原因是（　　）。

A. 右后轮轮胎磨损严重　　　　　B. 左前轮速传感器故障

C. ESP 控制单元故障   D. ABS 泵故障

8. 关于车辆传感器的说法，（   ）是错误的。

A. 传感器可以监测车辆状态

B. 传感器可以影响车辆控制系统

C. 传感器不会受到外部环境的影响

D. 传感器是自动泊车辅助系统的重要组成部分

9. ESP 中，（   ）负责检测车辆的横向加速度。

A. 转向角传感器   B. 横向加速度传感器

C. 偏航率传感器   D. 轮速传感器

10. 被动轮速传感器在车速达到或超过（   ）才能检测。

A. 0km/h   B. 3km/h   C. 5km/h   D. 10km/h

11. 新型的轮速传感器能够检测出（   ）。

A. 车轮的材质   B. 车轮的尺寸   C. 车轮的旋转方向   D. 车轮的温度

12. DAC 系统工作的条件之一是车速在（   ）范围内。

A. 5~25km/h   B. 10~30km/h   C. 15~35km/h   D. 20~40km/h

13. 在 DAC 系统工作时，（   ）会自动亮。

A. 前照灯   B. 雾灯   C. 停车灯   D. 转向灯

14. HAC 和 DAC 系统共同的作用是（   ）。

A. 提高车辆的燃油经济性   B. 增强车辆的操控性

C. 提高车辆上、下坡时的安全性   D. 减少驾驶人的疲劳感

15. 在高原环境下，真空助力制动系统中的真空度会下降的原因是（   ）。

A. 空气中氧的质量浓度增加   B. 节气门关闭

C. 发动机负荷降低   D. 空气中氧的质量浓度减少

16. 电动真空泵在（   ）会被用于汽车。

A. 当车辆配备自动变速器时   B. 当车辆符合欧Ⅳ排放标准时

C. 当车辆使用汽油发动机时   D. 所有以上情况

17. 在故障诊断案例中，电动真空泵在（   ）会立即工作 1~2s。

A. 起动后，开始行驶阶段频繁踩制动踏板时

B. 汽车正常行驶中或怠速时

C. 进气歧管漏气时

D. 系统有故障码生成后

18. 绝对压力传感器在电动真空泵的控制中起（   ）的作用。

A. 监测制动助力装置的压力值   B. 控制电动真空泵的工作时间

C. 调节进气歧管的真空度   D. 提供制动踏板的工作信号

19. 在闭环控制过程中，（   ）不断将监测值与储存的设定值进行比较以控制电动真空泵的工作。

A. 制动助力装置   B. 发动机控制单元

C. 绝对压力传感器   D. 电动真空泵继电器

20. 在发生故障的情况下，锁止的制动盘（   ）。

A. 使用机械方式解锁   B. 使用电子方式解锁

C. 使用液压方式解锁　　　　　　　　　　D. 使用气压方式解锁

21. 拉线式电子驻车制动系统中的拉线起（　　）的作用。

A. 传递电力　　　　　B. 传递液压　　　　　C. 传递气压　　　　　D. 传递拉力

22. 单拉线式 EPB 是（　　）实现驻车功能的。

A. 通过一根拉线带动两根拉线移动　　　　B. 通过两根拉线同时移动

C. 通过电动机直接推动制动盘　　　　　　D. 通过液压推动制动盘

23. 电子驻车系统在工作时，电动机带动（　　）旋转以实现对制动盘的制动或释放。

A. 蜗杆和蜗杆套　　　　　　　　　　　　B. 传动带和减速机构

C. 心轴螺杆和制动活塞　　　　　　　　　D. 拉线和拉线护套

24. 制动踏板位移传感器的正常工作电压范围是（　　）。

A. 0~5V　　　　　　　B. 0~12V　　　　　　C. 0.5~4.5V　　　　　D. 1~4V

25. 当线控制动 ECU 检测到的电压信号超出正常范围且持续一段时间时，ECU 的判断是
（　　）。

A. 制动踏板位移传感器电路正常

B. 制动踏板位移传感器电路存在故障

C. 制动踏板位移传感器需要校准

D. 制动踏板位移传感器需要更换

26. 博世 iBooster 线控制动系统主要包括（　　）。

A. 助力电动机、助力传动机构、推杆机构、行程传感器、主缸等

B. 制动盘、制动钳、制动片、制动液、制动管路等

C. ABS 泵、轮速传感器、ESP 控制单元等

D. 真空助力器、真空泵、真空管路等

二、填空题

1. ABS 由四大部件构成，分别是轮速传感器、_____、ECU 和警告灯。

2. 霍尔式轮速传感器是利用_____的原理制成的。

3. ABS 制动压力调节装置中的回流泵的主要作用是将_____排出的制动液泵回到制动
总泵。

4. ABS 电磁阀有 3 种控制状态，分别是加压、_____和保压。

5. 在 ABS 的工作过程中，_____阶段是指制动压力保持不变的状态。

6. ESP 通过调整_____来改善车辆的操控性。

7. 当 ESP 检测到驾驶人的转向输入与车辆的实际行驶方向不一致时，它会通过_____
来纠正行驶轨迹。

8. ESP 通常与车辆的_____系统协同工作，以提供更全面的安全保护。

9. 在湿滑或不稳定的路面上行驶时，ESP 能够_____，从而提高行车安全性。

10. ESP 中的_____传感器可以感知车辆的横向加速度，帮助系统判断车辆的侧滑
趋势。

11. HAC 系统不工作的车速是_____ km/h。

12. 被动轮速传感器检测速度大于_____ km/h。

13. 新型的轮速传感器内部有两个磁阻，可以检测出车轮的_____。

14. DAC 系统工作时，_____会自动亮。

15. DAC 系统能够使车辆以_____行驶，防止车轮锁死。

16. 电动真空泵的主要作用是在车辆每次冷起动时以及在挂入行驶档位且踩下制动踏板时_____。

17. 在电动真空泵正常工作状况下，关闭压力约是_____ kPa。

18. 电动真空泵的控制方式分为闭环型和_____型。

19. 制动助力装置真空管的压力值是通过_____传感器进行持续监测的。

20. 拉线式电子驻车制动系统中，拉线的作用是_____。

21. 电子驻车松开时，电动机带动蜗杆套和蜗杆旋转，实现_____线束。

22. 当车速小于 7km/h 时，驾驶人通过拉动电子驻车制动按钮使用驻车制动，此时_____介入工作，让制动响应更加敏捷。

23. 激活 AUTOHOLD 功能前，必须保证驾驶人侧车门_____、_____并且发动机处于运转状态。

24. AUTOHOLD 系统通过_____和_____有机结合来实现自动驻车和动态起动辅助功能。

25. 线控制动系统中，_____用于使驾驶人对制动强度有直观感受。

26. EHB 系统失效时，备用开关打开，制动踏板连接的_____通过备用开关连接各个车轮制动器的制动轮缸。

27. EMB 系统中，每个车轮上安装一个可以_____的电子机械制动器。

三、判断题

1. ABS 中，能够独立进行制动压力调节的制动管路称为控制通道。   （   ）

2. ABS 由轮速传感器、制动压力调节装置、ECU 和警告灯四大部件构成。   （   ）

3. 霍尔式轮速传感器是利用光电效应的原理制成的。   （   ）

4. ABS 制动压力调节装置中的回流泵的主要作用是将制动液从制动总泵泵到制动分泵。   （   ）

5. PLA 功能只依赖于发动机和变速器管理系统的支持。   （   ）

6. 自动变速器控制单元 J217 无法识别当前挂入的档位。   （   ）

7. 在故障分析中，如果直接更换零件后故障依旧，那么应该立即放弃对该零件的检查。   （   ）

8. VSC 和 DSC 都是用于提高车辆燃油经济性的系统。   （   ）

9. 在装有起动/停止装置的车辆中，PLA 启动状态下发动机不会停止工作。   （   ）

10. HAC 系统工作要求档位在 R 位时也能工作。   （   ）

11. DAC 系统即下坡辅助控制系统，可以自动控制车速。   （   ）

12. DAC 系统工作时，停车灯会自动关闭。   （   ）

13. 斜坡起步辅助（HAC）系统和下坡辅助控制（DAC）系统都是基于 ESP 开发的。   （   ）

14. 电动真空泵的最终目标是提升汽车的动力性能。   （   ）

15. 在故障诊断案例中，更换了制动助力装置后解决了电动真空泵工作时间过长的问题。   （   ）

16. 单拉线式 EPB 控制器在工作时，会同时带动两根拉线运动。   （   ）

17. 电子驻车系统在车速大于 7km/h 时，如果驾驶人拉动并拉住电子驻车制动开关，会启动动态紧急制动功能。   （   ）

18. AUTOHOLD 功能在任何情况下都能自动激活。　　　　　　　　（　　）

19. 电子机械制动（EMB）系统中不存在备用的制动功能。　　　　（　　）

20. 线控制动踏板位移传感器的输出电压与踏板旋转的绝对位移呈非线性关系。（　　）

21. 博世 iBooster 线控制动系统主要应用于新能源汽车。　　　　　（　　）

四、问答题

1. ABS 的主要构成部分和作用是什么？

2. ESP 包括哪些主要传感器，它们的作用各是什么？

3. 电子驻车制动和传统机械式驻车制动相比有哪些优点？

4. 电子液压制动（EHB）系统和电子机械制动（EMB）系统在结构和工作原理上有何区别？

参 考 文 献

［1］ 张蕾. 汽车底盘电控原理与检修［M］. 北京：机械工业出版社，2012.

［2］ 徐罕. 汽车底盘电控系统结构与检修［M］. 西安：西安交通大学出版社，2014.

［3］ 李伟. 手把手教您学双离合与电控机械式自动变速器［M］. 北京：机械工业出版社，2014.

［4］ 曹守军. 新帕萨特自动变速器不能换档故障排除［J］. 汽车与驾驶维修：维修版，2013（4）：98.

［5］ 潘浩，何军. 上海大众昊锐 DSG 换档冲击故障的诊断与排除［J］. 汽车维修，2011（7）：18-21.

［6］ 郁泽. 奥迪 A6L 无级变速器故障排除［J］. 汽车与驾驶维修：维修版，2013（3）：68.

［7］ 陈广忠. 路虎揽胜车空气悬架故障［J］. 汽车维护与修理，2014（1）.

［8］ 张泽波. 新君威胎压监测系统的组成原理及常见故障诊断［J］. 汽车维修与保养，2011（9）：52-53.

［9］ 丛君. 大众 CC 主动巡航系统故障排除方法［J］. 汽车维修技师，2013（10）：71-73.

［10］ 冀彦军. 2003 款北京现代朗动 EPS 故障灯点亮，转向盘转动沉重［J］. 汽车维修技师，2015（3）：42-43.

［11］ 张登科. ABS 故障排除四例［J］. 汽车维护与修理，2006（11）：13.

［12］ 曹功天. 奔驰 GL450 ESP 故障灯常亮［J］. 汽车维修技师，2010（12）：56.

［13］ 林隆江. 2013 款新朗逸 斜坡起步辅助功能失效［J］. 汽车维修技师，2015（9）：60-63.

［14］ 郑步云，章敏，周宇. 帕萨特 B5 电动真空泵工作失常［J］. 汽车维修技师，2010（12）：66-67.

［15］ 蔡元兵. 新迈腾 B7L 电子驻车制动器失效故障排除［J］. 汽车电器，2014（1）：65-66.

［16］ 汪贵行，汪学慧. 湿式与干式 DSG 双离合变速器结构与检修［J］. 汽车维修与保养，2011（4）：56-58.

［17］ 汪东明. 陈南. 电控电动式四轮转向系统的研究与发展［J］. 汽车电器，2009（4）：8-10.

［18］ 秦国洪. 2018 年长城风骏 5 电控四驱故障［J］. 汽车维修技师，2021（5）：2.

［19］ 朱明，张君鸿，马成杰，等. 混合动力汽车制动踏板位移传感器的故障诊断［J］. 汽车电器，2011（4）：4.

［20］ 汤彬，金峰. 线控转向系统故障诊断与维修：以某型智能驾驶功能验证车为例［J］. 现代信息科技，2022（16）：006.